Montagehalle in der Großmaschinenfabrik der AEG in Berlin, um 1900.

schmiede des Kaiserreichs, der Spitzenreiter, gefolgt von Siemens, dem Elektrogiganten mit knapp 43 000 Beschäftigten. In Betrieben dieser Größenordnung ballte sich nicht nur wirtschaftliche, sondern auch politische Macht, denn von den Entscheidungen ihres Managements hing das Schicksal von zehntausenden von Arbeitsplätzen ab. Von den 100 größten deutschen Industrieunternehmen waren 1907 bereits 77 als Aktiengesellschaften organisiert. Besonders in den wachstumsintensiven Branchen herrschte ein enormer Bedarf an Kapital; das stellten die deutschen Großbanken zur Verfügung. So beteiligte sich die Deutsche Bank, seit der Jahrhundertwende unbestrittener Branchenprimus, bei Auf- und Ausbau der Elektroindustrie, unter anderem durch ihr Engagement bei der Allgemeinen Elektrizitätsgesellschaft (AEG) Emil Rathenaus. Durch eigene Vertreter in den Aufsichtsräten sicherten die Kreditgeber ihren Einfluss auf die Unternehmen ab. Die enge Kooperation zwischen Großindustrie und Großbanken trieb den Prozess der Konzentration mächtig voran. Damit verknüpft war die Bildung von Kartellen, die das Ziel verfolgten, Produkte und Preise einer Branche im Interesse ihrer Mitglieder zu regulieren. Besonders erfolgreich agierte hier das Rheinisch-Westfälische Kohlensyndikat von 1893 unter Führung Emil Kirdorfs, des Generaldirektors der Gelsenkirchener Bergwerks-Aktiengesellschaft. Trotz des unaufhaltsamen Siegeszugs der Großunternehmen mit mehr als 1000 Beschäftigten war die überwiegende Zahl der Erwerbstätigen immer noch in Betrieben kleiner oder mittlerer Größe beschäftigt. Das Handwerk konnte sich, allen Untergangsprophetien zum Trotz, überraschend gut behaupten, wenn auch um den Preis schmerzhafter Anpassungsprozesse an gewandelte Bedürfnisse, Und auch die Landwirtschaft blieb ein wichtiger Zweig der Volkswirtschaft. 1913 fand hier immerhin noch jeder dritte Erwerbstätige im Kaiserreich eine Beschäftigung.

Zwischen 1871 und 1913 wuchs die Bevölkerung von 41 auf 67 Millionen. Das deutsche Kaiserreich war damit nach Russland der bevölkerungsreichste Staat Europas. Diese außerordentliche Zunahme war vor allem zurückzuführen auf einen Rückgang der Sterblichkeit, sowohl bei Säuglingen als auch bei alten Menschen. Die Fortschritte in der medizinischen Versorgung spielten hier eine Rolle, aber auch gesündere Ernährung und verbesserte Hygiene. Hatte die durchschnittliche Lebenserwartung 1871 noch bei 38,5 Jahren für Frauen und 35,6 Jahren für Männer gelegen, so erhöhte sie sich bis 1910 auf 48,3 Jahre für Frauen und 44,8 Jahre für Männer. Noch bis in die frühen 1890er Jahre wanderten Jahr für Jahr Hunderttausende von Deutschen aus, ganz überwiegend in die Vereinigten Staaten, weil ihnen der deutsche Arbeitsmarkt keine ausreichenden Beschäftigungsmöglichkeiten bot. Doch mit der einsetzenden Hochkonjunktur seit 1895 trat anstelle der Auswanderung die Binnenwanderung – von den agrarischen Gebieten des Ostens in die expandierenden Industriegebiete des Westens. Sie verlangte den Menschen ein bislang nicht gekanntes Maß an Mobilität ab. 1871 war noch nicht einmal jeder zwanzigste Deutsche

Großstädter, 1910 war es bereits jeder fünfte. An der Spitze rangierte die Reichshauptstadt Berlin mit 2,07 Millionen Einwohnern, gefolgt von Hamburg (932 000) und München (596 590). Besonders dramatisch vollzog sich der Prozess der Verstädterung im Ruhrgebiet. Eine Gemeinde wie Hamborn, die 1895 gerade 6000 Köpfe zählte, hatte sich bis 1910 in eine Großstadt mit mehr als 100 000 Einwohnern verwandelt, darunter viele Polen aus den preußischen Ostprovinzen.

Trotz allmählicher Verbesserung der Lebensbedingungen war die Gesellschaft des Kaiserreichs durch ein hohes Maß an Ungleichheit gekennzeichnet. »Aufgang nur für Herrschaften« – solche Schilder an vornehmen Bürgerhäusern waren typisch: Scharf markierte Grenzen trennten die verschiedenen Klassen, Schichten und Milieus. Den obersten Platz in der sozialen Rangordnung nahm der Adel ein. Obwohl die Bedeutung der Großlandwirtschaft mit dem aufkommenden Industriekapitalismus nicht Schritt halten konnte, gelang es dem ostelbischen Junkertum erstaunlich gut, seinen privilegierten gesellschaftlichen und politischen Status zu verteidigen und die wichtigsten Positionen in Bürokratie, Diplomatie und Armee zu besetzen. Am deutlichsten machte sich das Übergewicht der preußischen Aristokratie im Offizierskorps bemerkbar. Dessen Sozialprestige war durch die drei erfolgreichen Einigungskriege von 1864, 1866 und 1870 spürbar aufgewertet worden. »Es gibt keine höhere Funktion als die des Offiziers«, beobachtete ein Besucher aus Norwegen im Jahr 1907, »sie überragt alle Zivilämter. Die Offiziere bilden die oberste Klasse der Gesellschaft.« Die Ausnahmestellung des Militärs spiegelte sich im Alltag unter anderem darin, dass Offiziere in Restaurants bevorzugt bedient wurden, Schaffner ihnen die besten Plätze anwiesen oder Zivilisten ihnen auf dem Bürgersteig bereitwillig Platz machten (**Militarismus**). S. 84

Zu den Spitzen der Gesellschaft zählten, nach der adligen Machtelite, die Repräsentanten des Wirtschaftsbürgertums – Fabrikanten, Bankiers, Großkaufleute, Manager. Ihrer Innovations- und Risikobereitschaft verdankte sich der fulminante Aufstieg der deutschen Industriewirtschaft; sie waren aber auch die gesellschaftliche Gruppe, die den größten materiellen Nutzen aus dem anhaltenden Boom seit Mitte der 1890er Jahre zog. Mit dem frisch erworbenen Reichtum wuchs die Versuchung, sich Statussymbole zuzulegen, die bislang mit der exklusiven Sphäre adligen Lebensstils assoziiert waren. Dazu gehörte der Erwerb eines Ritterguts, mit Schloss und ausgedehntem Grundbesitz. Eine Aufhebung der sozialen Trennlinien zwischen Adel und Bourgeoisie war damit nicht verbunden; die These von einer »Feudalisierung« des deutschen Großbürgertums, wie sie die Sozialgeschichtsschreibung der Bundesrepublik lange Zeit beherrschte, hat sich als nicht zutreffend erwiesen. Allerdings besaßen führende Vertreter der wirtschaftsbürgerlichen Oberschicht Zugang zur Berliner Hofgesellschaft, dem inneren Zirkel der Macht im Kaiserreich. Einige von ihnen, so der Ruhrindustrielle Friedrich Alfred Krupp oder der Hamburger Reeder Albert Ballin, pflegten freundschaftliche Beziehungen zu Kaiser Wilhelm II. Mit Orden und Auszeichnungen honorierte der monarchische Staat die loyale Gesinnung der großbürgerlichen Elite. Beliebt war unter Unternehmern und Spitzenmanagern der Titel »Kommerzienrat«, noch beliebter der »Geheime Kommerzienrat«.

Nicht nur, was das gesellschaftliche Prestige, sondern auch was das Einkommen betraf, konnte sich das Bildungsbürgertum im Kaiserreich mit dem Wirtschaftsbürgertum nicht messen. Zu dieser Schicht gehörten Universitätsprofessoren, Gymnasiallehrer, Pfarrer, Richter, Rechtsanwälte, Ärzte – also Berufsgruppen, die in der Regel das Gymnasium besucht und anschließend studiert hatten. Dem robusten Optimismus im Unternehmerlager entsprach um die Jahrhundertwende unter Bildungsbürgern ein Krisenbewusstsein mit stark kulturpessimistischem Einschlag – jene oft zitierte Fin-de siècle-Stimmung, die auch in Literatur und Malerei ihren Ausdruck fand (**Nervöse Zeiten**). S. 93 Dabei war, wie so oft, die Lage besser als die Stimmung. Denn mit dem Ausbau des Bildungs- und Gesundheitswesens, von

Verwaltung und Justiz, der Professionalisierung der freien Berufe eröffneten sich auch neue Berufschancen auf dem akademischen Stellenmarkt.

Bei allen Unterschieden der Lebensführung trafen sich Wirtschaftsbürgertum und Bildungsbürgertum doch in der gemeinsamen Bewunderung des Militärs (**Militarismus**). Das zeigte sich am deutlichsten in der Anziehungskraft, die das Patent des Reserveoffiziers als nutzbringendes Vehikel für die zivile Karriereplanung auf diese Kreise ausübte. »Wir müssen mit der Welt und dem Leben rechnen, wie es zur Zeit ist, und da steht fest, daß dir das Fehlen der Offiziersqualität schaden, der Besitz dieser Qualität nur nutzen kann«, mahnte der Hamburger Bürgermeister Johann Georg Mönckeberg im Jahr 1896 seinen dienstunwilligen Sohn. S. 84

Einem tiefgreifenden Wandel war vor 1914 das Kleinbürgertum unterworfen, und zwar in seinen beiden Kerngruppen, dem »alten« Mittelstand (Handwerker und Kleinhändler) und dem »neuen« Mittelstand (den Angestellten). Manche Handwerkszweige – etwa Schneider, Schuhmacher oder Tischler – wurden durch die Massenfabrikation verdrängt oder fristeten eine Kümmerexistenz; andere, zum Beispiel die neuen, auf Installation, Reparatur und Wartung technischer Geräte spezialisierten Branchen, zogen Nutzen aus Industrialisierung und Verstädterung. Viele Einzelhändler wiederum sahen sich seit den 1890er Jahren durch die neu entstehenden Warenhäuser in ihrer Existenz bedroht. Je realer die Ängste vor einem Abstieg waren, desto entschiedener grenzten sich Handwerker und Kleinhändler »nach unten«, von der Industriearbeiterschaft ab. Das galt auch für die neue Sozialformation der Angestellten, deren Zahl sowohl in Privatunternehmen als auch in staatlichen und kommunalen Behörden stark zunahm (von 500 000 1882 auf 1,7 Millionen 1907). Obwohl ihr Verdienst häufig nicht viel höher lag als der eines qualifizierten Arbeiters pochten sie auf den Statusunterschied und suchten das Modell bürgerlicher Lebensführung zu kopieren.

Von allen Erwerbsklassen verzeichnete die Industriearbeiterschaft den größten Zuwachs (Ihre Zahl stieg von 4,1 Millionen 1882 auf 8,6 Millionen 1907). Als soziale Gruppe war sie keineswegs homogen; Geschlecht, Alter, regionale Herkunft, berufliche Qualifikation und konfessionelle Zugehörigkeit sorgten für mancherlei Abstufungen und Differenzierungen. Andererseits schärften die Gemeinsamkeiten der proletarischen Lebenswelt das Bewusstsein der Zugehörikeit zu einer Klasse. Zwar sank die tägliche Arbeitszeit von durchschnittlich zwölf Stunden in den 1870er Jahren auf elf, schließlich auf zehn Stunden bis 1914. Da aber sechs Tage in der Woche gearbeitet wurden, blieb für Freizeit und Entspannung allenfalls der Sonntag. Urlaub war für Arbeiterfamilien noch ein Fremdwort. Obwohl die Reallöhne langsam, aber kontinuierlich stiegen – 1913 lagen sie um 25 Prozent über dem Niveau von 1885 –, war die Masse der Arbeiterschaft von einer gesicherten Existenz noch weit entfernt. Immer noch wurde der größte Teil des Einkommens von den Grundbedürfnissen – Nahrung, Wohnung, Kleidung – aufgezehrt. Und nach wie vor gab es für die Risiken des Arbeiterdaseins – Krankheit, Invalidität, Arbeitslosigkeit – keine soziale Absicherung. Ebenso bedrängend blieb des Problem der Altersarmut; sie drohte relativ früh, mit vierzig Jahren, wenn die physische Leistungsfähigkeit nachließ.

Eher noch schlechter war es um die Lage der Landarbeiter – Knechte, Mägde, Tagelöhner – bestellt. Die meisten von ihnen wohnten auf den Höfen der Arbeitgeber und erhielten neben Kost und Logis ein bei Dienstantritt vereinbartes schmales Entgelt. Zu Erntezeiten war die Arbeitszeit faktisch unbegrenzt. »Wir arbeiteten, wir aßen, wir schliefen – und arbeiteten wieder, ganz so wie Ackerpferde: hüh, hott und prr«, so beschrieb Franz Rehbein in seiner Autobiographie »Leben eines Landarbeiters« von 1911 den ewig gleichen Tagesablauf. Außerdem waren auf dem Lande noch Gesindeordnungen in Kraft, die dem Dienstherrn unter anderem ein »Züchtigungsrecht« einräumten. Das macht verständlich, warum viele Landarbeiter bald den Wunsch verspürten, diesen Zwängen zu entkommen und einen Arbeitsplatz in den expandierenden Industriestädten zu suchen. Seit der Jahrhundertwende schloss sich eine wachsende Zahl von Tagelöhnerinnen und Mägden dem Zug der Männer in die großen Städte an, um sich hier als Dienstmädchen zu verdingen (**Frauen und Frauenbewegung**). S.78 »Landflucht« war so auch eine Form des Sozialprotests, den die ostelbischen Gutsbesitzer damit beantworteten, dass sie eine immer größere Zahl von ausländischen Saisonarbeitern anheuerten.

Die gesellschaftliche Ungleichheit im Kaiserreich wurde reproduziert durch ein Bildungssystem, das den Unterschichten nur wenig Aufstiegschancen bot. Dennoch war auch hier manches in Bewegung. Die Fortschritte in Wissenschaft und Technik, Bevölkerungswachstum und Mobilität erzwangen Korrekturen, die Verbesserungen mit sich brachten. Vor 1914 war die Volksschule tatsächlich noch eine Schule des Volkes. Für 90 Prozent aller schulpflichtigen Kinder blieb sie das einzige Tor zur Bildung. Um 1890 lag die Zahl der Analphabeten bereits unter einem Prozent– eine auch im internationalen Vergleich bemerkenswerte Errungenschaft. Allerdings blieb der traditionelle Unterschied zwischen Stadt- und Landschulen bestehen. Während in der Stadt durch Vermehrung der Lehrerstellen die Klassenfrequenzen allmählich gesenkt werden konnten, war auf dem Lande die einklassige Dorfschule immer noch die Regel. Das heißt, dass ein Lehrer alle Kinder zwischen 6 und 14 Jahren in einem Raum unterrichten musste. Das Gymnasium mit seiner starken Betonung der alten Sprachen Griechisch und Latein büßte bereits vor der Jahrhundertwende sein Monopol auf das Abitur als Voraussetzung für das Universitätsstudium ein. Daneben gewannen das Realgymnasium (mit Latein, aber ohne Griechisch) und die Oberrealschule (ohne Latein, mit Schwerpunkt auf den mathematisch-naturwissenschaftlichen Fächern) zunehmend an Bedeutung. Allerdings blieb das Gymnasium mit einem Anteil von 60 Prozent der Abiturienten im Jahr 1914 nicht nur die am häufigsten frequentierte, sondern auch prestigeträchtigste höhere

Schule. Sie rekrutierte ihre Zöglinge nach wie vor vor allem aus dem Bildungsbürgertum, während Realgymnasium und Oberrealschule von Kindern aus dem Wirtschaftsbürgertum und dem »alten« Mittelstand favorisiert wurden. Unverkennbar war auch eine Tendenz zur sozialen Öffnung der Gymnasien für aufstiegsorientierte Schichten, insbesondere für Söhne von Volksschullehrern, kleinen Beamten und Bauern. Doch Kinder aus Arbeiterfamilien waren vor 1914 an höheren Schulen noch kaum zu finden. Der Klassencharakter des Schulsystems blieb somit im Wesentlichen unangetastet.

Nach 1871 nahmen die Versuche zu, die Schulen in den Dienst einer »vaterländischen Erziehung« zu stellen. Im Unterricht sollten die Verdienste der Hohenzollerndynastie ins rechte Licht gerückt, Gehorsam, Disziplin und Respekt vor den Autoritäten als oberste Tugenden den Kindern von früh an eingebläut werden. Vor allem sollten sie gefeit werden gegen die »den göttlichen Geboten und der christlichen Sittenlehre widersprechenden Lehren der Sozialdemokratie«, wie Kaiser Wilhelm II. in einer Kabinettsordre 1889 forderte. Die wilhelminische Schule ist daher auch nicht zu Unrecht als eine Dressuranstalt für Untertanen bezeichnet worden. An der Volksschule regierte noch vielfach der Rohrstock, und in den Gymnasien erschöpfte sich die »humanistische Bildung« allzuoft in einem sturen Paukbetrieb. »So waren Ovid, Vergil, Cicero, Homer nichts als lästige Schullektüre, für den nächsten Tag mühselig mit dem Wörterbuch vorzubereitende Satzkonstruktionen, die seelenlos an uns vorüberzogen«, erinnerte sich ein Gymnasiast aus der oberschlesischen Stadt Gleiwitz an seine Schulzeit am Vorabend des Ersten Weltkriegs. Gewiss, es gab auch Gegenströmungen, etwa in Gestalt reformpädagogischer Konzepte, die um die Jahrhundertwende aufkamen und in den Landerziehungsheimen von Hermann Lietz oder der Freien Schulgemeinde von Gustav Wyneken praktisch erprobt wurden. Doch das blieben interessante Experimente, die bis zum Ende des Kaiserreichs noch keine Breitenwirkung entfalteten.

Alte Bäuerin aus Zäckericker Loose / Oderbruch, um 1910.

Die Universitäten des Kaiserreichs genossen auch international einen ausgezeichneten Ruf. Sie galten als Modell für die geglückte Verbindung von Forschung und Lehre. Von den 42 Nobelpreisen für Physik, Chemie und Medizin, die zwischen 1901 und 1914 vergeben wurden, entfielen allein 14 auf deutsche Wissenschaftler. Unter der Ägide Friedrich Althoffs, von 1897 bis 1907 Leiter der Unterrichtsabteilung im preußischen Kulturministerium, wurde der Ausbau des Hochschulsystems forciert. Zu den bereits bestehenden Universitäten kamen drei weitere (Straßburg, Münster, Frankfurt am Main), dazu elf Technische Hochschulen, die sich der besonderen Förderung Wilhelms II. erfreuten. Der Kaiser hatte erkannt: »Das neue Jahrhundert wird beherrscht durch die Wissenschaft, inbegriffen die Technik, und nicht wie das vorige durch die Philosophie. Dem müssen wir entsprechen.« So war er auch gegenüber der Idee aufgeschlossen, eine außeruniversitäre Einrichtung zu schaffen, die vor allem der naturwissenschaftlichen Grundlagenforschung dienen sollte. Die 1911 gegründete Kaiser-Wilhelm-Gesellschaft zur Förderung der Wissenschaft in Berlin-Dahlem wurde zum Vorbild für eine neue Form der Kooperation zwischen Wirtschaft, Staat und Wissenschaft. Ihre Institutionen zogen hervorragende Gelehrte an, darunter Fritz Haber, den Entdecker der Ammoniaksynthese, und Albert Einstein, den Schöpfer der Relativitätstheorie.

Dem hohen Ansehen von Wissenschaft und Forschung im Kaiserreich entsprach das hohe Sozialprestige der Professoren. Allerdings war die akademische Laufbahn nicht nur unsicher, sondern auch kostspielig, sodass sie eigentlich nur für Söhne aus dem wohlhabenden Bildungs- und Wirtschaftsbürgertum infrage kam. Das erklärt die relative Homogenität der deutschen Hochschullehrerschaft, was die soziale Herkunft, aber auch was ihre politischen Präferenzen betraf. Der Typ des entschieden liberalen Gelehrten, wie ihn etwa der Althistoriker Theodor Mommsen in der Tradition der »politischen Professoren« der 1848er-Revolution verkörperte, verschwand seit den achtziger Jahren. An seine Stelle trat der sich »unpolitisch« gebende Spezialist und Fachmann, der sozialkonservativen Anschauungen huldigte und Konflikten mit den staatlichen Instanzen lieber aus dem Wege ging. Bezeichnend für das politische Klima an den Universitäten war, dass dem jüdischen Privatdozenten für Physik, Leo Arons, der durch seine Aktivitäten für die Sozialdemokratie aufgefallen war, 1898 auf direkte Intervention Wilhelms II. die Lehrbefugnis entzogen wurde.

Mit dem Ausbau der Hochschulen stieg die Zahl der Studenten – von 14157 im Jahr 1870 auf 60 225 im Sommersemester 1914. Im Unterschied zur Professorenschaft verband sich mit dieser Zunahme zugleich eine Erweiterung des gesellschaftlichen Rekrutierungsfeldes. Der Anteil von Söhnen aus dem Bildungsbürgertum blieb zwar mit über 30 Prozent weiterhin bemerkenswert hoch; doch in wachsendem Maße drängten nun auch die Kinder der aufstiegsorientierten kleinbürgerlichen Schichten an die Universitäten – zweifellos eine Folge der sozialen Öffnung des höheren Schulwesens. Das Erscheinungsbild der Studenten in der Öffentlichkeit wurde bestimmt durch die schlagenden Verbindungen, die im Kaiserreich eine Blütezeit erlebten. Ihre Mitglieder mussten sich einem strengen Verhaltenskodex mit ganz eigenen Ritualen und Regeln unterwerfen. Dazu zählte zuallererst die Mensur, eine auf dem Paukboden ausgetragene Kampfpartie, bei der die Beteiligten ihre Tapferkeit dadurch beweisen mussten, dass sie sich gegenseitig schmerzhafte Wunden im Gesicht zufügten. Diese »Schmisse« galten als besonderes Zeichen der Männlichkeit. Für ausländische Beobachter war es immer wieder frappierend, »welchen Zauber diese Narben für die Studenten haben, und nicht nur für die Studenten, sondern auch für die Damen«. Was die Verbindungen allerdings vor allem attraktiv machte, war das Netzwerk an Beziehungen, das sich daran knüpfte und für die künftige Karriere, sei es in der Wirtschaft oder im Staatsdienst, die glänzendsten Aussichten eröffnete. Die Selbstrekrutierung der wilhelminischen Eliten vollzog sich zu einem nicht geringen Teil über die Protektion der »Alten

Herren« der Korporationen. Gravierender als dieses System der Günstlingswirtschaft waren die gesellschaftlichen Langzeitwirkungen der Corpserziehung. Der extreme Klassendünkel, der hier gepflegt wurde S. 88 und sich mit einem aggressiven Nationalismus und **Antisemitismus** verband, prägte eine ganze Generation des akademischen Nachwuchses. Zu Recht hat Norbert Elias in seinen »Studien über die Deutschen« in dieser Prägung eine wesentliche Bedingung für die Entzivilisierung der deutschen Gesellschaft gesehen, deren Folgen weit über das Kaiserreich hinaus reichten.

Die Ära Bismarcks

Die Gründung des kleindeutsch-großpreußischen Nationalstaats 1870/71 löste in ganz Europa Unruhe aus. Das traditionelle Gleichgewicht war durch die neue Großmacht in der Mitte des Kontinents empfindlich gestört. Der deutsche Reichskanzler Otto von Bismarck erschien als ein neuer Napoleon. Dass er Frankreich als Preis für den verlorenen Krieg Elsass-Lothringen abverlangte, verstärkte die Befürchtungen, er werde unaufhaltsam weiterschreiten auf dem Weg der Kriege und Eroberungen. Bismarck war sich der gefährdeten Stellung des Deutschen Reiches im europäischen Mächtesystem sehr wohl bewusst. Der cauchemar des coalitions, der Alptraum einer übermächtigen gegnerischen Koalition, plagte ihn von Beginn an. Er müsse, schrieb er am Neujahrstag 1872 Kaiser Wilhelm I., »die Möglichkeit ins Auge fassen, daß Deutschland einmal nicht nur einem Gegner, sondern mehreren sich gegenüber finden könnte«. Es werde dann zu »einer Lebensfrage..., ob es auch einer solchen Kombination gewachsen ist«.

Dieser Gefahr zu begegnen, darauf richtete sich Bismarcks ganzes außenpolitisches Sinnen und Trachten seit 1871. Sein erstes Ziel war, das besiegte Frankreich, mit dessen dauernder Gegnerschaft gerechnet werden musste, bündnispolitisch zu isolieren und die übrigen

Otto von Bismarck

Mächte allmählich mit der Existenz des deutschen Nationalstaats zu versöhnen. Dass das Deutsche Reich »saturiert« sei und keine weiteren Eroberungsabsichten verfolge, betonte er ein ums andere Mal. Allerdings verwandelte der Reichskanzler sich nach 1871 nicht, wie es die Bismarck-Orthodoxie einst glauben machen wollte, von einem Tag auf den anderen in einen entschlossenen Friedenspolitiker. Er bedurfte eines Lernprozesses, um sich in die ungewohnte neue Rolle zu finden.

Einen ersten Erfolg seiner Strategie konnte Bismarck im Oktober 1873 verbuchen. Damals kamen Wilhelm I., der russische Zar Alexander II. und der österreichisch-ungarische Kaiser Franz Joseph überein, »den gegenwärtig in Europa herrschenden Friedenszustand zu befestigen«. Wie fragil dieses Dreikaiserabkommen indes war, zeigte sich bereits in der Krieg-in-Sicht-Krise des Frühjahrs 1875. Sie war von Bismarck provoziert, als eine Art Test, wie weit er gehen konnte. Alarmiert über das Tempo der französischen Wiederaufrüstung, drohte der Kanzler Frankreich mit einem neuen Krieg, ohne ihn allerdings wirklich vom Zaun brechen zu wollen. Doch allein die Drohgebärde reichte aus, um in ganz Europa neues Misstrauen in die Absichten der deutschen Politik zu wecken. Gemeinsam legten die englische und russische Regierung in Berlin Protest ein. Bismarck musste den Rückzug antreten – eine empfindliche diplomatische Schlappe.

Aus dieser Erfahrung zog der Kanzler eine Lehre: Sichern ließ sich die exponierte Stellung des Reiches nur, wenn die deutsche Politik vom Status quo als dem Maximum des Erreichbaren ausging und jedes Spiel mit dem Feuer unterließ. Fortan konzentrierte Bismarck seine Anstrengungen darauf, die Spannungen vom europäischen Zentrum an die Peripherie zu verlagern. Zur Hilfe kam ihm die Orientkrise der Jahre 1875 bis 1878, die durch Aufstände in Bosnien und der Herzegowina gegen die türkische Herrschaft ausgelöst wurde und in einen Krieg Russlands gegen das Osmanische Reich mündete. Da das Deutsche Reich auf dem Balkan selbst kein Interesse verfolgte, das, wie Bismarck in einer Reichstagsrede vom 5. Dezember 1876 erklärte, »auch nur die gesunden Knochen eines einzigen pommerschen Musketiers wert wäre«, konnte er hier in der vorteilhaften Position des scheinbar uneigennützigen Vermittlers agieren. Auf dem Berliner Kongress im Juni/Juli 1878 spielte er die Rolle des »ehrlichen Maklers« so überzeugend, dass er in der europäischen Öffentlichkeit nunmehr als ein Staatsmann erschien, dem es tatsächlich zuallererst um die Wahrung des Friedens zu tun sei.

Doch machte gerade der Berliner Kongress deutlich, wie weit das Deutsche Reich von jener Idealkonstellation entfernt war, die Bismarck in seinem berühmten Kissinger Diktat vom Juli 1877 so formuliert hatte: Ihm schwebe eine »politische Gesamtsituation« vor, »in welcher alle Mächte außer Frankreich unserer bedürfen und von Koalitionen gegen uns durch ihre Beziehungen zueinander nach Möglichkeit abgehalten werden«. Das Zarenreich fühlte sich um die Früchte seines Sieges über die Türkei, vor allem den Zugang zu den Meerengen, betrogen und machte dafür den deutschen Reichskanzler verantwortlich. Eine nachhaltige Abkühlung im russisch-deutschen Verhältnis war die Folge. Im Gegenzug bemühte sich Bismarck um eine engere Verbindung mit Österreich-Ungarn. Im Oktober 1879 wurde in Wien der Zweibundvertrag unterzeichnet. In ihm sicherten sich Berlin und Wien für den Fall eines russischen Angriffs gegenseitigen Beistand zu. Aus dem Defensivbündnis wurde eine Dauerallianz, die erst mit dem Zusammenbruch beider Reiche als Folge des Ersten Weltkriegs endete. Bismarcks Rechnung, über den Zweibundvertrag auch Russland wieder zu binden, ging auf. Im Juni 1881 wurde das Dreikaiserabkommen erneuert. Darin verpflichteten sich die drei Mächte zu wohlwollender Neutralität, falls eine von ihnen in einen Krieg mit einer vierten Macht verwickelt würde. Das Abkommen bot zunächst für drei Jahre – und nach seiner Verlängerung 1884 um weitere drei Jahre – Sicherheit vor einem russisch-französischen Bündnis, das die Gefahr eines Zweifrontenkrieges heraufbeschworen hätte. Im

Mai 1882 folgte der Dreibundvertrag zwischen dem Deutschen Reich, Österreich-Ungarn und Italien, ebenfalls eine Defensivallianz mit deutlich antifranzösischer Tendenz. Damals konnte Bismarck zum ersten Mal bekennen, dass ihm die auswärtige Politik »auch keine einzige schlaflose Stunde« mehr bereite. Durch das von ihm geknüpfte mehrschichtige Bündnissystem schien die prekäre außenpolitische Stellung des Deutschen Reiches endlich hinreichend abgesichert. Vielleicht ist es kein Zufall, dass Bismarck gerade in diesen Jahren seine bisher geübte Zurückhaltung gegenüber dem Erwerb von Kolonien aufgab. »Solange ich Reichskanzler bin, treiben wir keine Kolonialpolitik«, hatte er noch 1881 erklärt. Doch in den Jahren 1884/85 ließ er Territorien in Afrika und der Südsee unter den Schutz des Reiches stellen. Wirtschaftliche und politische Motive kamen hier zusammen. Einerseits konnte sich Bismarck den Argumenten der Kolonialenthusiasten, die Gewinnung kolonialer Absatzmärkte sei für den deutschen Export lebenswichtig, gerade in einer Zeit der konjunkturellen Flaute nur schwer verschließen. Andererseits schien dem Reichskanzler die internationale Lage so günstig, dass er nicht befürchten musste, mit der Kolonialenexpansion die mühsam erreichte europäische Stellung des Reiches zu gefährden. Als sich das seit Mitte der 1880er Jahre änderte, verlor Bismarck rasch das Interesse an Kolonien. Den Afrikaforscher Eugen Wolf beschied er 1888: »Ihre Karte von Afrika ist ja sehr schön, aber meine Karte von Afrika liegt in Europa. Hier liegt Rußland, und hier... liegt Frankreich, und wir sind in der Mitte; das ist meine Karte von Afrika.«

Zu diesem Zeitpunkt war Bismarcks Bündnissystem bereits in eine schwere Zerreißprobe geraten. In Frankreich erhielten mit der Ernennung des Generals Boulanger zum Kriegsminister revanchistische Tendenzen einen kräftigen Auftrieb; gleichzeitig gewannen deutschfeindliche Kräfte zunehmend Einfluss auf die öffentliche Meinung in Russland. Nach neuen Wirren auf dem Balkan, in deren Verlauf sich die Spannungen zwischen Österreich-Ungarn und Russland bis an den Rand eines Krieges hochschaukelten, zerbrach der Dreikaiservertrag von 1881. Mit dem am 18. Juni 1887 in Berlin unterzeichneten »Rückversicherungsvertrag« gelang es Bismarck noch einmal, den Faden nach St. Petersburg neu zu spinnen. Beide Mächte sicherten sich Neutralität für den Fall zu, dass eine von ihnen unprovoziert angegriffen würde. In einem »ganz geheimen« Zusatzprotokoll versprach das Deutsche Reich dem Zaren überdies Unterstützung, falls er es für notwendig halten sollte, den »Schlüssel seines Reiches«, den Zugang zu den türkischen Meerengen, in seinen Besitz zu bringen. Dieses Zugeständnis war insofern brisant, als es in klarem Widerspruch zu der im Februar/März 1887 mit kräftiger Hilfe Bismarcks zustandegekommenen »Mittelmeerentente« zwischen England, Österreich-Ungarn und Italien stand, denn dieses Bündnis sollte gerade dem russischen Expansionsstreben auf dem Balkan einen Riegel vorschieben. Diese Widersprüchlichkeit der Zielsetzungen war von Bismarck durchaus gewollt. Sie entsprach seiner seit langem verfolgten Strategie, die Interessenkonflikte der Großmächte an der Peripherie zugleich zu fördern und einzuhegen, um dadurch den Druck von der Mitte zu nehmen und den bedrohten Frieden zu wahren.

Freilich stießen die komplizierten diplomatischen Schachzüge des Kanzlers unter deutschen Diplomaten und Militärs immer mehr auf Unverständnis. Statt sich auf die Verteidigung des Status quo zu beschränken, müsse das Reich eine seiner wirtschaftlichen Leistungskraft entsprechende dynamische Außenpolitik betreiben – das war eine weit verbreitete Stimmung. In Kreisen des Generalstabs erscholl der Ruf nach einem Präventivkrieg immer lauter. Er halte »einen europäischen Krieg für kaum vermeidlich«, notierte Alfred Graf von Waldersee, der Stellvertreter des greisen Generalstabschefs Helmuth von Moltke, im Mai 1886. Er sei überzeugt, »daß dieser Krieg, der in kurzer Zeit doch kommen muß, für uns bessere Chancen hat, je früher er kommt«. Doch für solche Ideen war Bismarck nicht empfänglich. »Unsere Politik aber hält fest am Frieden, bis ein feindlicher Angriff vorliegt. Das ist und bleibt für mich Kabinettsfrage«, bekräftigte er im Dezember 1887.

Anders als in seiner Außenpolitik kannte Bismarck in seiner Innenpolitik keine Hemmungen, präventiv gegen vermeintlich drohende Gefahren vorzugehen. Gerade in den ökonomisch schwierigen Jahren nach 1873 wuchs seine Neigung, innenpolitische Konflikte anzuheizen und politische Gegner als »Reichsfeinde« zu verteufeln. Als erste traf es die Katholiken, die sich im preußisch-protestantisch geprägten Kaiserreich in der Rolle einer konfessionellen Minderheit wiederfanden. Die Gründung der Zentrumspartei war eine Antwort darauf (**Parteien**). Hinter der neuen Formation witterte Bismarck eine Gefahr für den inneren Bestand des Reiches. Durch eine Serie repressiver Ausnahmebestimmungen, die in den berüchtigten »Maigesetzen« von 1873 gipfelten, sollte der politische Katholizismus entscheidend geschwächt werden. Unter anderem durfte kein Geistlicher mehr ohne Zustimmung der Staatsbehörden in sein Amt berufen werden. Wer sich widersetzte, dem drohte Haft oder Ausweisung. Doch Bismarck hatte die Widerstandskraft der katholischen Kirche unterschätzt. Alle Maßregelungen ließen die Gläubigen noch enger zusammenrücken. Ziviler Ungehorsam verband sich mit einem aufblühenden Marienkult. So strömten im Juli 1876 Tausende von Pilgern in das kleine saarländische Dorf Marpingen, wo drei Mädchen angeblich die Jungfrau Maria erschienen war. Angesichts des unerwartet heftigen Widerstands suchte Bismarck bald nach Mittel und Wegen, um den »Kulturkampf« (den Begriff hatte der berühmte Mediziner und liberale Politiker Rudolf Virchow geprägt) zu beenden. Nach 1878 wurden schrittweise die schlimmsten Kampfgesetze aufgehoben oder entschärft.

S. 72

Damals hatte Bismarck bereits seinen zweiten innenpolitischen Präventivkrieg begonnen: gegen die Sozialdemokratie. Hier fiel es ihm leichter, eine Gefahr für den Staat durch die »Mächte des Umsturzes« zu beschwören, weil auch im Bürgertum die Furcht vor dem

»roten Gespenst« verbreitet war, seit einer der beiden sozialdemokratischen Reichstagsabgeordneten, der spätere Parteivorsitzende August Bebel, im Mai 1871 den Kampf der Pariser Kommune als »kleines Vorpostengefecht« künftiger großer Klassenschlachten gerühmt hatte. Bismarck verfolgte gegenüber der zahlenmäßig noch kleinen, zudem bis 1875 in zwei Richtungen gespaltenen sozialdemokratischen Arbeiterbewegung eine Kombination von »Zuckerbrot und Peitsche«: Lösung der »Arbeiterfrage« durch eine fortschrittliche Sozialpolitik auf der einen, Unterdrückung der Organisationen auf der anderen Seite. Zunächst kam die zweite Variante zum Zuge. Zwei Attentate auf Kaiser Wilhelm I. lieferten den gewünschten Vorwand, um im Oktober 1878 ein »Gesetz gegen die gemeingefährlichen Bestrebungen der Sozialdemokratie« durch den Reichstag zu bringen. Sozialdemokratische »Agitatoren« wurden aus ihren Wohnorten ausgewiesen, Arbeitervereine aufgelöst, die meisten Zeitungen verboten. Allerdings durfte die Partei sich weiterhin an Wahlen beteiligen und Abgeordnete in den Reichstag schicken. So befand sie sich während der zwölfjährigen Dauer des Gesetzes in einem merkwürdigen Schwebezustand zwischen Legalität und Illegalität. Doch abermals hatte sich Bismarck verrechnet. Gegen die staatliche Unterdrückung formierte sich Widerstand. Und erst jetzt fanden die Lehren von Marx und Engels in der deutschen Sozialdemokratie einen breiten Resonanzboden. Demgegenüber war der Versuch, die Arbeiter durch Sozialreformen mit dem monarchischen Staat zu versöhnen, zum Scheitern verurteilt. In den achtziger Jahren wurde eine Reihe wichtiger Sozialgesetze beschlossen – vom Kranken- und Unfallschutz bis hin zur Altersvorsorge. Für damalige Verhältnisse war dies zweifellos ein Fortschritt, auch wenn die Versicherungsleistungen zunächst recht gering ausfielen. Die Hoffnung, auf diese Weise die Proletarier dem Sozialismus abspenstig zu machen, erfüllten sich nicht. Als 1890 das Sozialistengesetz auslief, stand die Arbeiterbewegung stärker da als jemals zuvor.

Bismarcks Vernichtungsfeldzug gegen die Sozialdemokratie fiel in die Phase einer konservativen Wende in der Innenpolitik 1878/79. Der Reichskanzler brach mit den Nationalliberalen, mit deren Hilfe er nicht nur wichtige Gesetze zur Vereinheitlichung des Währungs-, Verwaltungs- und Rechtssystems durchgesetzt, sondern auch den »Kulturkampf« gegen die Katholiken geführt hatte. Er ließ die Partei in dem Moment fallen, als sie sich darauf besann, den Preis für ihre Kooperationsbereitschaft zu verlangen – die Weiterentwicklung der
S.66 **Verfassung** im parlamentarischen Sinne. Fortan wollte Bismarck sich
S.72 stärker auf die konservativen **Parteien und Interessenverbände**
stützen. Diese neue innenpolitische Konstellation stand im Zusammenhang mit einem fundamentalen Kurswechsel in der Wirtschaftspolitik: Die liberal-freihändlerische Orientierung der Reichsgründungsära wurde abgelöst durch einen robusten Protektionismus. Schutzzölle sollten die einheimischen Produkte vor der lästigen ausländischen Konkurrenz abschirmen. Auf dieses Programm hatten sich Schwerindustrie und Großlandwirtschaft verständigt. Bismarck griff die Forderung auf – zum einen, weil er dadurch die Einnahmen des Reiches erhöhen und die Finanzen auf eine solidere Grundlage stellen konnte; zum anderen, weil sich ihm hier die Chance bot, die bestehende Ordnung unter sozialkonservativem Vorzeichen zu befestigen und damit seine Macht zu sichern. Tatsächlich war mit der eingeleiteten »Sammlungspolitik« die liberale Ära definitiv beendet; die informelle Allianz von »Rittergut und Hochofen«, von Großgrundbesitz und Schwerindustrie war ein Machtfaktor, der künftig die Richtung der deutschen Politik maßgeblich bestimmte. Was Bismarcks eigene Autorität betraf, so war sie freilich in der zweiten Hälfte der 1880er Jahre einer fortschreitenden Erosion ausgesetzt. Mehr und mehr verdichtete sich der Eindruck, dass seine Regierungskunst ihren Höhepunkt überschritten habe und das Deutsche Reich, sollte er nach länger die Geschäfte führen, im Begriffe war, die eigene Zukunft zu verspielen.

Am 9. März 1888 starb, hochbetagt, Kaiser Wilhelm I. Bismarck hatte dem Thronwechsel immer mit Sorge entgegengeblickt, denn Kronprinz Friedrich Wilhelm war, anders als sein Vater, liberalen Ideen gegenüber aufgeschlossen. Sollte er sich aber jemals mit dem Gedanken getragen haben, die Weichen in Richtung auf ein parlamentarisches System nach englischem Vorbild zu stellen, so blieb ihm dazu keine Zeit mehr. Denn er war, als er endlich die Nachfolge antreten konnte, bereits unheilbar an Kehlkopfkrebs erkrankt. Seine Regierung dauerte nur 99 Tage. Nach ihm bestieg sein ältester Sohn, der gerade 29jährige Prinz Wilhelm als Wilhelm II. den Thron. Der hatte schon vor seinem Regierungsantritt zu erkennen gegeben, dass er – anders als sein Großvater – Bismarck nicht mehr freie Hand bei der Leitung der Staatsgeschäfte lassen, sondern die Zügel selbst in die Hand nehmen wollte. Der Reichskanzler wiederum war bereits Ende 1887 überzeugt, dass der »junge Herr« politisch noch recht unreif und auf das hohe Amt schlecht vorbereitet sei. Prinz Wilhelm, klagte er, sei »ein Brausekopf, könne nicht schweigen, sei Schmeicheleien zugänglich und könne Deutschland in einen Krieg stürzen, ohne es zu ahnen und zu wollen«.

So war der Konflikt unvermeidlich. Bismarck griff, um dem drohenden Machtverlust zu begegnen, auf sein Lieblingsrezept zurück: nämlich durch Schüren von Konflikten das innenpolitische Klima so zu verschärfen, dass dem Kaiser am Ende gar nichts anderes übrig bleiben würde, als sich auf ihn, den erfahreren Krisenmanager, zu stützen. Ende Oktober 1889 brachte er im Reichstag den Entwurf eines verschärften Sozialistengesetzes ein, das die Sozialdemokratie zu gewaltsamen Gegenreaktionen provozieren sollte. »Fragen, wie die der Sozialdemokratie..., werden nicht gelöst ohne Bluttaufe, wie die deutsche Einheit auch«, erklärte er einer Vertrauten, der Baronin von Spitzemberg.

Doch Wilhelm II. verweigerte dem Kanzler bei seinem Konfrontationskurs die Gefolgschaft. Er wollte seine Regierung mit einer Geste der Versöhnung beginnen. Dabei dachte er an ein – über Bismarcks Sozialgesetzgebung hinausgehendes – Programm zur Verbesserung des Arbeiterschutzes. Auf einer Sitzung des Kronrats am 24. Januar 1890 prallten die gegensätzlichen Standpunkte unversöhnlich aufeinander: Wilhelm II. verlangte die Entschärfung des Entwurfs zu einem neuen Sozialistengesetz; Bismarck lehnte das kategorisch ab und drohte mit Rücktritt. Wenn der Kaiser »in einer so wichtigen Frage anderer Meinung sei, so sei er wohl nicht mehr recht am Platze«. Doch die Drohung mit dem Rücktritt, die der Kanzler bei Wilhelm I. immer wirkungsvoll eingesetzt hatte, um sich des kaiserlichen Rückhalts zu vergewissern – sie zog beim Enkel nicht mehr. Von einem »irreparablen Bruch zwischen Kanzler und Souverän« sprachen Teilnehmer des Kronrats.

Allerdings dauerte es noch bis zum 18. März, ehe Bismarck sein Entlassungsgesuch einreichte. In den dazwischenliegenden Wochen unternahm er verzweifelte Anstrengungen, sich an der Macht zu halten, die ihm doch zusehends entglitt. Dabei schreckte er auch nicht davor zurück, den Gedanken einer staatsstreichähnlichen Verfassungsänderung, die auf eine Entmachtung des Reichstags hinauslief, ins Spiel zu bringen. Mitte März setzte der Kaiser dem Machtkampf ein Ende, indem er nun selbst dem Kanzler in einer erregten Aussprache den Rücktritt nahelegte. »Wie einen Bediensteten« habe Wilhelm II. ihn »weggejagt«, beschwerte sich Bismarck später. Doch die demütigende Form der Entlassung konnte nicht darüber hinwegtäuschen, dass seine Zeit abgelaufen war. In weiten Teilen der deutschen Öffentlichkeit wurde sein Sturz mit Erleichterung aufgenommen. »Es ist ein Glück, daß wir ihn los sind... Seine Größe lag hinter ihm«, gab der Dichter Theodor Fontane die Stimmung wieder. Und der junge Theaterkritiker Alfred Kerr registrierte verwundert, dass »die äußere Wirkung, welche dieser Tod in Berlin hervorrief,... so gut wie null« gewesen sei. »Es bleibt ein Pech Deutschlands, daß der Mann, welcher die belangvollste Umgestaltung seiner äußeren Verhältnisse schuf, bis in die Mitte des Leibes in einer sinkenden Epoche steckte.«

Bald nach 1890 setzte ein Umschwung ein. Friedrichsruh, der Alterssitz vor den Toren Hamburgs, wohin sich der Ex-Kanzler grollend zurückgezogen hatte, wurde zum Wallfahrtsort einer wachsenden Schar von Verehrern. Nach seinem Tode am 30. Juli 1898 nahm der Kult um den »Reichsgründer« ungeahnte Ausmaße an. Überall wurden ihm zu Ehren Denkmäler errichtet. Sie zeigten den Kanzler als Staatsmann in Uniform, mit Pickelhaube, Stulpenstiefeln und Schwert – als martialischen Recken und wehrhaften Roland des Reiches. Hinter dem Monumentalbild vom »Eisernen Kanzler« verschwand, was seine Außenpolitik seit Mitte der 1870er Jahre ausgezeichnet hatte: der Sinn für Maß und Selbstbeschränkung, geboren aus der Einsicht, dass das Deutsche Reich nur bewahrt werden könne, wenn es allen hegemonialen Versuchungen strikt entsagte. Stattdessen wurde Bismarck nun zur Leitfigur eines überhitzten Nationalismus, in welche die wilhelminische Generation ihre schweifenden weltpolitischen Sehnsüchte hineinprojizierte. Zugleich verdeckte das ins Mythische überhöhte Bismarck-Bild die schweren Belastungen, die er seinen Nachfolgern in der Innenpolitik hinterlassen hatte. Die Ausgrenzung politisch Andersdenkender als »Reichsfeinde«, die Knebelung des Parlaments und der **Parteien**, das Liebäugeln mit dem Staatsstreich – all S. 72
das hatte die politische Kultur des Kaiserreichs vergiftet und ihr einen Stempel der Gewalttätigkeit eingeprägt. Dass »die Deutschen keinen Bürgersinn haben«, dass ihnen »der **Militarismus** und die Bismarckerei die Selbstbestimmung gründlich ausgetrieben haben«, blieb eine S. 84
Klage des alten Theodor Mommsen bis in seine letzten Tage. Freilich, so schwer die Hypothek auch wog, die aus der militärstaatlich-autoritären Prägung des Reiches erwuchs – so unverrückbar waren die Strukturen nicht, als dass es nicht auch Möglichkeiten zur Korrektur gegeben hätte. Von den Nachfolgern hing es ab, was aus Bismarcks Erbe wurde.

Das wilhelminische Deutschland

Die Epoche zwischen 1890 und 1914 wird gemeinhin mit dem Begriff »wilhelminisch« bezeichnet. Damit wird die herausragende Rolle betont, die Wilhelm II. in diesen Jahrzehnten im politischen und gesellschaftlichen Leben des Kaiserreichs gespielt hat. »Seit Fredericus hatte man es auf deutschem Boden nicht mehr erlebt, daß ein ganzes Zeitalter Stempel und Etikett eines Fürsten trug«, schrieb Egon Friedell 1927 in seiner »Kulturgeschichte der Neuzeit«. Tatsächlich verkörperte der junge Kaiser in ganz ungewöhnlichem Maße die **nervösen** S. 93 **Zeiten**, denen er den Namen gab: Er war impulsiv und reizbar, interessiert an allen Entwicklungen der modernen Technik, zugleich aber fasziniert von militärischem Pomp und getrieben von einem unstillbaren Hang zur theatralischen Selbstinszenierung. »Der Grundzug seines Wesens ist Eitelkeit und Selbstverherrlichung«, notierte Vizeadmiral Albert Hopman 1912. »Daher auch das dauernde Reden, Belehren und Erzählen, das Fühlenlassen und Betonen seiner Überlegenheit, der Unwille gegen jeden Widerspruch, kurz sein Cäsarentum.« Doch hinter aller Kraftmeierei verbargen sich Unsicherheit und ein tiefsitzender Minderwertigkeitskomplex. Prinz Wilhelm litt seit seiner Geburt an einer Behinderung: Sein linker Arm war verkrüppelt, und Kindheit und Jugend waren überschattet gewesen von diesem »Makel« und dem Zwang, ihn kaschieren zu müssen. Zeitlebens blieb Wilhelm II. eine narzissstisch gestörte Persönlichkeit, die extrem empfänglich war für Schmeicheleien, was den Einflüsterern am kaiserlichen Hofe einen unverhältnismäßig großen Einfluss verschaffte. Sie bestärkten den Monarchen in seinen selbstherrlichen Allüren, statt ihn behutsam zu korrigieren und mit den Notwendigkeiten eines verantwortlichen Regierens bekannt zu machen. Ein kritischer Beobachter wie der Vortragende Rat im Auswärtigen Amt, Friedrich von Holstein, fühlte sich bereits 1894 an ein »Operettenregiment« erinnert. Hektische Betriebsamkeit und sprunghafte Entscheidungen charak-

Kaiser Wilhelm II.

terisierten den Regierungsstil Wilhelms II. Sich intensiv und konzentriert mit einem Problem zu befassen, war ihm zutiefst zuwider. Stattdessen reiste er lieber im Sonderzug im Lande umher und hielt Reden, die immer wieder einen Mangel an Takt und Augenmaß verrieten. »Einer nur ist Herr im Lande«, erklärte er etwa im Mai 1891, »und das bin ich. Keinen andern werde Ich neben mir dulden.« Zwischen Anspruch und Wirklichkeit des »persönlichen Regiments« tat sich freilich eine nicht unbeträchtliche Kluft auf. Denn der Kaiser war, so sehr er sein autokratisches Sendungsbewusstsein hervorhob, kein Alleinherrscher, der alles bestimmen konnte. Er musste Rücksicht nehmen auf andere Machtfaktoren, auf den exklusiven Status des preußischen Adels, S.72 auf Bürokratie und Reichstag, die konservativen **Parteien** und die mächtigen industriellen und agrarischen **Interessenverbände**, schließlich auch auf Öffentlichkeit und Presse. Wilhelm II. war nicht, wie Hans-Ulrich Wehler zu Recht gegen den Kaiser-Biographen John C.G. Röhl eingewandt hat, »das einzige Bewegungszentrum der deutschen Politik«, aber er war auch mehr als nur ein Akteur unter vielen anderen. Als Inhaber der »Kommandogewalt« bestimmte er über alle wesentlichen Personalentscheidungen in Heer und Marine. Das gab ihm die Möglichkeit, sich ein ihm ergebenes Offizierskorps heranzuziehen. Anders als sein Großvater pochte Wilhelm II. auf sein Recht, die preußischen Minister, die Staatssekretäre der Reichsämter und die Botschafter nach Gutdünken zu ernennen und zu entlassen. Wer nicht in der Gunst des Monarchen stand, hatte kaum eine Chance auf einen hohen Posten in Regierung und Verwaltung. Vor allem aber übten der Kaiser und sein Hofstaat einen großen, wenngleich in der Intensität schwankenden Einfluss auf alle außen- und innenpolitischen Entscheidungen aus.

»Der Kurs bleibt der alte, und nun Volldampf voraus!« Mit diesem markigen Satz wandte sich Wilhelm II. am 22. März 1890, wenige Tage nach Bismarcks Entlassung, an die Öffentlichkeit. Doch der Kurs blieb keineswegs der alte. Der neue Reichskanzler, General Leo von Caprivi, traf, kaum im Amte, eine Entscheidung von weittragender Bedeutung: Der Rückversicherungsvertrag mit Russland wurde nicht mehr verlängert. Dem politisch gänzlich unerfahreren Karriere-Offizier erschien das Netz der Bündnisverpflichtungen, das sein Vorgänger kunstvoll geknüpft hatte, als zu kompliziert. Er wollte klare, übersichtliche Verhältnisse schaffen. Dabei verkannte er, dass, wenn man einen so wichtigen Baustein herausbrach, das ganze Gebäude ins Wanken kommen musste. Die Entfremdung zwischen Russland und dem Kaiserreich hatte schon vor 1890 begonnen, nicht zuletzt infolge der Schutzzollpolitik, welche die russischen Getreideimporte nach Deutschland erschwerte. Doch die Nichterneuerung des Rückversicherungsvertrages markierte eine Zäsur im russisch-deutschen Verhältnis. Damit war das wichtigste Hindernis beseitigt, das einer russisch-französischen Allianz bislang im Wege gestanden hatte. Dem Abschluss einer Militärkonvention 1892 folgte zwei Jahre später ein förmliches Bündnis zwischen beiden Mächten. Nur vier Jahre nach seinem Sturz war Bismarcks Alptraum eines Zweifrontenkriegs in den Bereich des Möglichen gerückt.

Zur selben Zeit, als die deutsche Diplomatie auf Distanz zum Zarenreich ging, suchte sie eine Annäherung an Großbritannien. Im Helgoland-Sansibar-Vertrag vom 1. Juli 1890 verzichtete das Reich auf koloniale Ansprüche in Ostafrika, unter anderem auf die Insel Sansibar, und erhielt dafür die Nordseeinsel Helgoland (seit 1815 in britischem Besitz). Das Abkommen löste unter den Kolonialbefürwortern eine heftige Protestbewegung aus. Aus ihr ging der Alldeutsche Verband hervor, der sich bald zur Speerspitze des Radikalnationalismus im Kaiserreich entwickeln sollte. Caprivi ließ sich dadurch wenig beeindrucken. »Je weniger Afrika, desto besser für uns«, lautete seine Maxime, die an die Skepsis Bismarcks hinsichtlich des Wertes kolonialer Besitzungen anknüpfte. Nach wie vor galt das Hauptaugenmerk der Sicherung und Stärkung der kontinentalen Machtstellung des Reiches. Diesem Ziel fügte Caprivi mit dem Abschluss einer Reihe bilateraler

Handelsverträge ein wichtiges neues Element hinzu. Damit wollte er den Bedürfnissen der deutschen Exportwirtschaft entgegenkommen. Der Widerstand, den die Großagrarier dagegen mobilisierten, war eine der wesentlichen Bedingungen für die Entlassung Caprivis im Oktober 1894.

Die Hoffnung, über eine Verständigung in kolonialpolitischen Fragen England an den Dreibund heranführen zu können, erfüllten sich nicht. Unter Caprivis Nachfolger, Fürst Clodwig zu Hohenlohe-Schillingsfürst, verschlechterten sich die deutsch-britischen Beziehungen kontinuierlich. Großen Anteil daran hatte Wilhelm II., der durch seine sprunghaften Eingriffe in die auswärtige Politik die europäische Diplomatie zunehmend in Atem hielt. Zu welchen fatalen Konsequenzen der kaiserliche »Zickzackkurs« führen konnte, zeigte sich am deutlichsten in der Aufregung um die sogenannte »Krüger-Depesche« im Januar 1896. Weder das Auswärtige Amt noch der Reichskanzler hatten den Monarchen davon abhalten können, den Burenpräsidenten Paulus (»Ohm«) Krüger zur Abwehr eines von der britischen Kap-Kolonie aus gesteuerten Überfalls telegraphisch zu beglückwünschen. In England wurde das Telegramm als eine gezielte Kampfansage interpretiert; eine nachhaltige Verstimmung war die Folge. Die Sorge, das wirtschaftlich immer stärker auftrumpfende Kaiserreich hege die Absicht, die Weltmacht England herauszufordern und von seinem Spitzenplatz zu verdrängen, beherrschte fortan das britische Kabinett.

Unberechtigt waren derlei Befürchtungen nicht. Seit Mitte der 1890er Jahre mehrten sich die Anzeichen, die auf einen grundlegenden Wandel in der deutschen Außenpolitik schließen ließen. Vor allem in bürgerlichen Schichten wurde zum Glaubenssatz, dass Deutschland »Weltpolitik« treiben müsse, wenn es im globalen Wettstreit gegenüber den anderen Großmächten nicht hoffnungslos ins Hintertreffen geraten wolle. »Es ist daher eine Lebensfrage für eine Nation heute, kolonialen Drang zu zeigen«, predigte Heinrich von

Treitschke, der einflussreichste Historiker des Kaiserreichs, in seinen Vorlesungen an der Berliner Universität. Der Ruf nach überseeischer Expansion wurde immer lauter und setzte die Reichsleitung unter Erwartungsdruck. Es war der neue Staatssekretär des Äußeren, Bernhard von Bülow, von 1900 bis 1907 deutscher Reichskanzler, der in seiner Reichstagsrede vom 6. Dezember 1897 die Parole aufnahm und zur künftigen Leitschnur der deutschen Außenpolitik erklärte: »Wir wollen niemand in den Schatten stellen, aber wir verlangen auch unseren Platz an der Sonne.«

Deutschlands Ausgreifen in die »Weltpolitik« war, obwohl es sich durchaus in den allgemeinen Zug des imperialistischen Zeitalters einfügte, von Anfang an mit spezifischen Problemen behaftet. Um 1900 war die Aufteilung der Welt bereits weitgehend abgeschlossen; mit seinem Anspruch auf einen »Platz an der Sonne« kam das Kaiserreich, das seine ersten zögernden Schritte auf kolonialpolitischem Felde Mitte der 1880er Jahre abgebrochen hatte, im Grunde zu spät. Denn wo immer es jetzt seinen Fuß hinsetzte, stieß es auf entgegengesetzte Interessen der arrivierten Kolonialmächte, allen voran Englands. Das Gefühl des Zuspätkommens und der Drang, das bislang Versäumte überstürzt nachholen zu müssen, verliehen der deutschen »Weltpolitik« Züge einer nervösen Unrast, die für eine Dauerbeunruhigung im Mächtesystem sorgte. Immer mitmischen, überall Flagge zeigen zu wollen – das wurde zum Imperativ wilhelminischer Außenpolitik. So nimmt es nicht wunder, dass der Parvenü auf weltpolitischem Parkett bald als unliebsamer Störenfried empfunden wurde. In Wilhelm II., der ein waches Gespür für populäre Stimmungen besaß, fanden die weltpolitischen Ambitionen des Kaiserreichs einen eifrigen Förderer. Auf ihn ging auch die Anregung zurück, eine große Schlachtflotte zu bauen – als Symbol und Instrument des neuen deutschen Weltmachtstrebens. Ausgeführt wurde das kaiserliche Lieblingsprojekt vom Staatssekretär des Reichsmarineamts, Großadmiral Alfred von Tirpitz, einem ungewöhnlich fähigen Organisator.

Gegenüber Reichstag und Öffentlichkeit begründete Tirpitz die Notwendigkeit der Flottenrüstung mit der so genannten »Risikotheorie«: Die deutsche Seemacht müsse so stark werden, dass es Großbritannien nicht wagen könne, in einem Kontinentalkrieg für Deutschlands Gegner Partei zu ergreifen. In Wahrheit aber verfolgte der Tirpitz-Plan nicht nur eine defensive, sondern auch eine offensive Zielsetzung: nämlich auf maritimem Gebiet mit England gleichzuziehen und ihm seine weltpolitische Vorherrschaft streitig zu machen. Das bedeutete die Abkehr von dem Grundprinzip Bismarckscher Außenpolitik, allen hegemonialen Versuchungen zu entsagen und das Machtpotential des Reiches im eigenen Interesse zu zügeln. Stattdessen zielte die wilhelminische »Weltpolitik« nun direkt ins Herz des britischen Weltreichs. »Ein hasardeurhafter Zug des Alles oder Nichts haftete der Entscheidung zum Flottenbau an«, so hat Klaus Hildebrand diese entscheidende Weichenstellung charakterisiert.

Allerdings war die Reichsleitung darauf bedacht, die Weltmacht nicht zu früh zu provozieren. Hier wirkte der »Kopenhagen-Komplex«, also die Befürchtung, Großbritannien könne durch einen überraschenden Präventivschlag der deutschen Flotte ein ähnliches Schicksal bereiten wie dem dänischen Geschwader im Herbst 1807. Deshalb, so forderte Bülow im Juli 1899, müsse das Deutsche Reich in seiner überseeischen Exansionspolitik zunächst »vorsichtig operieren, wie die Raupe, bevor ihr die Schmetterlingsflügel gewachsen sind«. Neben China, wo sich das Reich 1897/98 die Bucht von Kiautschou sicherte, wurde das Osmanische Reich zum bevorzugten Aktionsfeld wilhelminischer Diplomaten, Industrieller und Bankiers. 1898 erwarb ein Bankenkonsortium unter Führung der Deutschen Bank die Vorkonzession für den Bau der Bagdadbahn – das ehrgeizigste Projekt wilhelminischer »Weltpolitik«. Nicht nur England, sondern auch Russland sahen sich hier in ihren Interessen tangiert: England, weil es seine strategische Position am Persischen Golf, Russland, weil es sein traditionelles Ziel, die türkischen Meerengen, bedroht sah. Die deutsche

Diplomatie aber vertraute darauf, dass die Rivalität zwischen Großbritannien und Rußland im Nahen und Mittleren Osten unüberbrückbar sei und Deutschland sich eine »Politik der freien Hand« leisten könne. Daher beantwortete sie auch alle von britischer Seite 1898 und 1901 unternommenen Versuche, die Möglichkeiten einer Verständigung auszuloten, mit kühler Zurückhaltung, was wiederum in London als Brüskierung empfunden wurde.

Um die Jahrhundertwende waren die Weichen für Deutschlands Isolierung gestellt. Beunruhigt über das unberechenbare Auftrumpfen der Großmacht in der Mitte Europas, begannen die anderen Mächte ihre Interessengegensätze zu bereinigen und gemeinsam nach Mitteln und Wegen zu suchen, um dem deutschen Hegemoniestreben einen Riegel vorzuschieben. Im April 1904 verständigten sich Frankreich und Großbritannien über ihre kolonialen Streitfragen vor allem in Afrika. Die Probe bestand diese »Entente cordiale« in der ersten Marokkokrise 1905/06. Sie begann mit einer Aufsehen erregenden Aktion: Ende März ging Wilhelm II. im Hafen von Tanger vor Anker, um die wirtschaftlichen Interessen Deutschlands in Marokko zu unterstreichen, zugleich aber auch, wie Bülow betonte, »die Gegenwart Deutschlands im Weltkonzert« unter Beweis zu stellen. Tatsächlich holte es sich mit der unnötigen Provokation eine deftige Abfuhr. Auf der internatioanlen Konferenz in der spanischen Stadt Algericas (Januar bis April 1906) sah sich das Deutsche Reich isoliert; Frankreich hingegen erhielt weitgehend freie Hand, um Marokko in seinen Einflussbereich zu ziehen.

Eine weitere schwere Schlappe erlitt die deutsche Diplomatie Ende August 1907, als sich Großbritannien und Russland in einem Abkommen auf eine Abgrenzung ihrer Interessensphären im Mittleren Osten und in Asien verständigten. Aus der Entente cordiale wurde eine Triple-Entente. Die wilhelminischen Staatsmänner standen vor einem Scherbenhaufen, den sie freilich selbst angerichtet hatten. Was in Berlin als »Einkreisung« empfunden und beklagt wurde, war in Wahrheit

»Selbst-Auskreisung«, das Ergebnis der eigenen prestigesüchtigen Weltmacht- und Flottenpolitik. Da Italien nun erkennbare Anstalten machte, sich den Verpflichtungen des Dreibundvertrags zu entziehen, war das Deutsche Reich mehr denn je auf Österreich-Ungarn als dem einzig verlässlichen Bündnispartner angewiesen. Als die Donaumonarchie im Oktober 1908 Bosnien und die Herzegowina annektierte – ein Bruch des Berliner Vertrages von 1878 – und dadurch Russland, die Schutzmacht der Serben, auf den Plan rief, stellte sich die Reichsleitung demonstrativ hinter den Bundesgenossen. Noch immer geschwächt durch die Niederlage im Krieg mit Japan 1904/05, musste das Zarenreich zurückweichen und die Annexion anerkennen. Der Prestigeerfolg des Zweibunds war jedoch teuer erkauft. Statt den »Einkreisungsring« zu sprengen, schmiedete ihn die deutsche Politik erst recht zusammen. Die Blockkonfrontation zwischen Zweibund und Triple-Entente verfestigte sich, und das ließ für die Zukunft nichts Gutes erwarten.

Auch in der Innenpolitik fiel die Bilanz des »Neuen Kurses« nach 1890, alles in allem, wenig günstig aus. Dabei hatte Caprivi seine Regierung verheißungsvoll begonnen: Er wollte, anders als Bismarck, versöhnen statt spalten, durch moderate Reformen soziale Spannungen mildern. Ein ganzes Bündel von sozialpolitischen Gesetzen wurde verabschiedet, darunter eine Novelle der Gewerbeordnung, die ein Verbot von Sonntagsarbeit und der Beschäftigung von Kindern in Fabriken aussprach. Darüber hinaus wurden Gewerbegerichte eingeführt, in denen Arbeitnehmer und Arbeitgeber paritätisch vertreten waren. Doch die damit verbundene Erwartung, die Arbeiterschaft von der Sozialdemokratie abziehen und an den monarchischen Obrigkeitsstaat heranführen zu können, erfüllte sich nicht. In dem Maße, in dem die SPD in den Reichstagswahlen der 1890er Jahre ihren Stimmenanteil erhöhen konnte, erlahmte der Reformeifer. Bereits unter Caprivis Nachfolger Hohenlohe stand die Innenpolitik ganz im Zeichen verstärkter Bemühungen, den Kampfkurs gegen die Sozialdemokratie wieder aufzunehmen. Im Dezember 1894 brachte die Regierung die so genannte »Umsturzvorlage« in den Reichstag ein, die Aufrufe zum »Klassenhass« oder abfällige Äußerungen über die Monarchie mit hohen Strafen bedrohte. Mit ihren sehr dehnbaren Formulierungen richtete sich die Vorlage nicht nur gegen Sozialdemokraten, sondern gegen alle der Regierung missliebigen Bestrebungen. So war es nicht verwunderlich, dass der Reichstag ihr im Mai 1895 die Zustimmung verweigerte. Einen erneuten Versuch unternahm Hohenlohe mit der »Zuchthausvorlage« vom Mai 1899, die auf eine Einschränkung des gesetzlich verankerten »Koalitionsrechts« zielte. Künftig sollte die Behinderung von »Arbeitswilligen« bei Streiks scharf geahndet werden, ebenso jeder Versuch, Arbeiter durch Druck zur Mitgliedschaft in einer Gewerkschaft zu bewegen. Auch diese Vorlage fiel im November 1899 durch den Reichstag.

Das Scheitern der neuen Ausnahmegesetze machte klar: Mit den Mitteln verschärfter Repression ließ sich der Siegeszug der Sozialdemokratie nicht aufhalten. An deren Stelle trat ein flexibleres Konzept, das unter der Parole der »nationalen Sammlung« ein möglichst breites Bündnis aller »staatserhaltenden Kräfte« anstrebte. Die neue Sammlungspolitik bedeutete einerseits eine Neuauflage der von Bismarck geschmiedeten Allianz von »Roggen und Eisen«, andererseits sollte ihre gesellschaftliche Basis durch eine mittelstandsfreundliche Politik erweitert werden. Für Bülow, der im Oktober 1900 Hohenlohe als Kanzler ablöste, stand dieses innenpolitische Konzept in einem engen Zusammenhang mit der von ihm inaugurierten »Weltpolitik«. »Ich lege den Hauptakzent auf die auswärtige Politik«, hatte er bereits im Dezember 1897 an Philipp Graf zu Eulenburg, den engsten Freund des Kaisers, geschrieben. »Nur eine erfolgreiche äußere Politik kann helfen, versöhnen, beruhigen, sammeln, einigen.« In den Gesamtrahmen dieser Politik gehörte auch eine Wiederaufnahme der ins Stocken geratenen Sozialpolitik. Unter der Federführung des Staatssekretärs im Reichsamt des Innern, Arthur Graf von Posadowsky-Wehner, wurden die Unfall- und Krankenversicherung ausgebaut, das Verbot der Kinderarbeit auf die Heimindustrie ausgedehnt, Mittel für den Arbeiterwohnungsbau bereitgestellt. Den Interessen der konservativen Agrarier kam die Reichsleitung entgegen, indem sie 1902 die Einfuhrzölle auf Getreide deutlich erhöhte, was zur Verteuerung der Brotpreise führte und die Unzufriedenheit in den einkommensschwachen Schichten verstärkte. Dass gegen die ostelbischen Großgrundbesitzer und ihre Lobby im Kaiserreich nicht regiert werden konnte, zeigte sich auch in den Auseinandersetzungen um den Bau des Mittellandkanals. Die Konservativen liefen gegen dieses Vorhaben Sturm, weil sich dadurch die Transporte für Getreide aus dem Ausland erheblich verbilligt hätten. Dieser Widerstand zwang die Regierung 1905, auf das entscheidende Verbindungsstück des Kanals zwischen Hannover und der Elbe zu verzichten.

Im Reichstag stützte sich Bülow auf eine solide Mehrheit aus den beiden konservativen Fraktionen, den Nationalliberalen und dem Zentrum (S.72 **Parteien**). Doch im Dezember 1906 beendete der Reichskanzler die Zusammenarbeit mit der katholischen Partei abrupt, als diese mit der Sozialdemokratie im Reichstag gegen einen Nachtragshaushalt zum Kolonialetat stimmte. Hintergrund war der brutale Vernichtungsfeldzug eines deutschen Expeditionskorps gegen die aufständischen Herero in Deutsch-Südwestafrika (S.96 **Hererokrieg**). Bülow löste den Reichstag auf und entfesselte eine nationalistische Kampagne, in der sich, wie schon zu Bismarcks Zeiten, Sozialdemokraten und Katholiken wieder als »Reichsfeinde« stigmatisiert sahen. Der eigentliche Verlierer der »Hottentottenwahlen« war die SPD, die fast die Hälfte ihrer Mandate verlor, obwohl der Stimmenanteil nur geringfügig (von 31,7 auf 28,9 Prozent) zurückging. Bülow setzte seine Sammlungspolitik in einer neuen parlamentarischen Konstellation, dem so genannten »Bülow-Block«, fort, dem außer den Konservativen und Nationalliberalen nun auch erstmals die Linksliberalen angehörten. Allerdings waren die inneren Spannungen in diesem S.72 **Parteien**-Bündnis viel zu groß, als dass es zum Motor einer entschiedenen Reformpolitik hätte werden können. Auf ein Reichsvereinsgesetz, das Frauen die politische Betätigung erlaubte, wenngleich sie weiterhin nicht wählen durften (**Frauen und Frauenbewegung**), konnte man sich im August 1908 noch einigen; doch die dringend notwendige Reform des völlig antiquierten preußischen Dreiklassenwahlrechts scheiterte an der strikten Ablehnung der Konservativen, die ihre Privilegien bedroht sahen. S. 78

Ein Schlaglicht auf die inneren Zustände im Kaiserreich warf die »Daily Telegraph«-Affäre im Herbst 1908. Am 28. Oktober erschien in der britischen Zeitung ein Interview Wilhelms II., das an rhetorischen Entgleisungen alles bisher bei diesem Herrscher Gewohnte übertraf. »Ihr Engländer«, so hatte der Kaiser seinem Gesprächspartner eröffnet, »seid verrückt, verrückt, verrückt wie die Märzhasen.« Denn statt zu begreifen, dass er, Wilhelm II., ihr bester Freund sei, würden sie ihm nur mit Argwohn begegnen. Dies sei für ihn umso unangenehmer, als er sich mit seinen freundschaftlichen Gefühlen im Gegensatz zur großen Mehrheit seines eigenen Volkes befinde. »Ich bin also sozusagen in einer Minderheit in meinem eigenen Land, aber sie ist die Minderheit der besten Elemente.« Bülow hatte es versäumt, den Text vor seiner Veröffentlichung zu lesen, und die Beamten im Auswärtigen Amt hatten ihn trotz mancher Bedenken passieren lassen. »Etwas Derartiges an sträflicher Lumperei, gewissenlosem Leichtsinn ist wohl je nicht dagewesen und wohl geeignet, das schon so verschüttete Vertrauen in unsere politische Leitung ganz zu zerstören«, empörte sich die Baronin von Spitzemberg am 1. November in ihrem Tagebuch. In dem öffentlichen Entrüstungssturm, der nun losbrach, entlud sich der ganze Verdruss, der sich im Laufe von zwei Jahrzehnten über das »persönliche Regiment« des Kaisers angesammelt hatte. Im Reichstag übten Sprecher aller **Parteien**, sogar der Konservativen, heftige Kritik am Monarchen. Am Ende musste Wilhelm II. versprechen, sich künftig in seinen öffentlichen Äußerungen größerer Zurückhaltung zu be- S. 72

fleißigen. »Es war die schlimmste Demütigung, die einem Hohenzollern widerfahren war, seit Friedrich Wilhelm IV. sein Haupt vor den Leichen der Barrikadenkämpfer entblößen mußte«, schrieb der Pazifist Ludwig Quidde, der 1894 mit seiner Schrift »Caligula. Eine Studie über römischen Cäsarenwahn« – eine als wissenschaftliche Arbeit getarnte Kritik an Willhelm II. – für Furore gesorgt hatte.

Über die »Daily Telegraph«-Affäre ging das Vertrauensverhältnis zwischen Kaiser und Kanzler zu Bruch. Wilhelm II. war tief gekränkt, dass Bülow ihn nicht entschieden öffentlich verteidigt hatte, und suchte nur noch nach einer Gelegenheit, ihm den Laufpass zu geben. Die kam mit dem Streit um die Reichsfinanzreform im Sommer 1909. Die Ausgaben für die Armee, noch mehr aber für die Marine hatten die Schuldenlast des Reiches in die Höhe getrieben. Neue Steuerquellen mussten erschlossen werden. Doch im Reichstag stimmten die Konservativen im Juni 1909, gemeinsam mit dem Zentrum, gegen ein Herzstück der Reform, die Erbschaftssteuer. Damit war der »Bülow-Block« auseinander gebrochen. Der Kanzler musste seinen Abschied nehmen.

Der Weg in den Weltkrieg

Theobald von Bethmann Hollweg, der neue Kanzler, entsprach nicht dem Typus eines wilhelminischen Politikers, wie ihn Bülow verkörpert hatte. Er war kein gewandter Diplomat, der seinen Aufstieg der Protektion durch die kaiserliche Entourage verdankte, sondern ein fähiger Verwaltungsjurist, der sein Amt ernst und pflichtbewusst, ohne die Allüren des Vorgängers, ausübte. In der auswärtigen Politik besaß er allerdings kaum Erfahrungen, und gerade auf diesem Gebiet hatte ihm Bülow ein schwieriges Erbe hinterlassen. Das Deutsche Reich war außenpolitisch weithin isoliert.; die Habsburgermonarchie, der einzige Bündnispartner von Gewicht, durch Nationalitätenkonflikte geschwächt. Den besten Ansatzpunkt, um aus der verfahrenen Lage herauszukommen, erblickte Bethmann Hollweg in einer Verbesserung der Beziehungen zu Großbritannien. Das setzte freilich die Bereitschaft auf deutscher Seite voraus, Tempo und Umfang der Flottenrüstung deutlich zu reduzieren. Dagegen sperrte sich jedoch Tirpitz, der in dieser Frage nicht nur den Kaiser, sondern auch weite Teile der chauvinistisch aufgeheizten Öffentlichkeit auf seiner Seite wusste. Einen offenen Konflikt mit dem Großadmiral konnte der Reichskanzler unter diesen Umständen nicht riskieren.

So steckten die Bemühungen um eine Verständigung mit Großbritannien von Anfang an in einer Sackgasse. Überdies wurden sie konterkariert durch die deutsche Politik in der Zweiten Marokkokrise vom Sommer 1911. Als die französische Regierung Anstalten machte, sich endgültig des nordafrikanischen Landes zu bemächtigen, kreuzte das deutsche Kriegsschiff »Panther« im Hafen von Agadir auf – ein spektakulärer Akt der Kanonenbootdiplomatie, für den in erster Linie der Staatssekretär im Auswärtigen Amt, Alfred von Kiderlen-Wächter, die Verantwortung trug. Er wollte Frankreich unter Druck setzen und es zwingen, als Kompensation für Marokko Teile seines mittelafrikanischen Kolonialbesitzes ans Reich abzutreten. Der »Panthersprung von Agadir« löste in Deutschland fast einhellige Begeisterung aus und wurde in der nationalistischen Presse als befreiende Tat gefeiert. Doch im Ausland verstärkte er die Befürchtungen vor der säbelrasselnden Großmacht im Herzen Europas. Die britische Regierung stellte sich demonstrativ hinter Frankreich und bekundete ihre Entschlossenheit, im Konfliktfall auf der Seite des Bundesgenossen zu kämpfen. Erst im November 1911 wurde die Krise beigelegt: Deutschland verzichtete auf seine Ansprüche in Marokko und erhielt dafür ein Gebiet des französischen Kongo – ein mageres Resultat, zumal wenn man bedenkt, um welchen Preis es erkauft worden war.

Statt seinen Handlungsspielraum zu erweitern, hatte sich das Deutsche Reich noch weiter ins Abseits manövriert. Nicht nur in Kreisen der Militärs, sondern auch im öffentlichen Diskurs gewöhnte man sich immer mehr an den Gedanken, dass ein großer europäischer Konflikt über kurz oder lang unvermeidlich sein würde, und man gut daran täte, sich rechtzeitig darauf einzustellen. Charakteristisch für den Topos von der Unvermeidlichkeit des Krieges war der Bestseller des Generals a.D. Friedrich von Bernhardi »Deutschland und der nächste Krieg« vom Frühjahr 1912. Das Buch traf den Nerv der Zeit mit der Feststellung, »daß wir den Krieg um unsere Weltmachtstellung unter keinen Umständen vermeiden können, und daß es keineswegs darauf ankommt, ihn möglichst lange hinauszuschieben, sondern vielmehr darauf, ihn unter möglichst günstigen Bedingungen herbeizuführen«.

Noch freilich suchte Bethmann Hollweg nach Möglichkeiten eines Ausgleichs mit Großbritannien. Im Februar 1912 reiste der englische Kriegsminister Lord Haldane nach Berlin, um die Chancen einer Begrenzung des Wettrüstens zu sondieren. Doch wiederum scheiterte die Mission an der Intransigenz der Falken um Tirpitz und der Rüstungslobby. Bethmann Hollweg verlegte sich fortan auf den Versuch, durch eine Politik der kleinen Schritte die gefährliche Gesamtlage zu entspannen und verlorenes Vertrauen zurückzugewinnen. Diese Anstrengungen waren nicht ganz erfolglos. Bis Juni 1914 einigten sich Deutschland und Großbritannien in einer Reihe von Abkommen über die Zukunft der portugiesischen Kolonien und der Bagdadbahn. Doch die Hoffnung, über eine Entspannung an der Peripherie zu einer Auflockerung der Blockkonfrontation zwischen Dreibund und Triple-Entente zu gelangen, erfüllten sich nicht.

Schon während der beiden Balkankriege 1912/13, als die Staaten des Balkanbunds (Serbien, Bulgarien, Griechenland, Montenegro) die Türkei besiegten und sich anschließend über die Verteilung der Beute in die Haare gerieten, drohte ein europäischer Flächenbrand. Denn Österreich-Ungarn war nicht bereit, die Ausdehnung Serbiens an die Adria zuzulassen; Russland hingegen unterstützte die Serben eben in diesem Ziel, um seinen Einfluss auf dem Balkan auszuweiten. Gemeinsam gelang es der deutschen Reichsleitung und der britischen Regierung, mäßigend auf die Kriegsparteien in Wien und St. Petersburg einzuwirken und die Kriegsgefahr abzuwenden. Doch wie sehr die Militärs inzwischen auf die Idee fixiert waren, den Ring der »Einkreisung« um Deutschland durch einen Präventivkrieg zu durchbrechen, zeigte ein von Wilhelm II. am 8. Dezember 1912 einberufener »Kriegsrat«, zu dem die politische Leitung nicht hinzugezogen wurde. Hier erklärte der deutsche Generalstabschef Helmuth von Moltke, der Neffe des alten Moltke, unmissverständlich: »Ich halte einen Krieg für unvermeidbar u(nd) je eher desto besser.« Tirpitz sprach sich für »das Hinausschieben des großen Kampfes um 1 ½ Jahre« aus, erntete damit aber den Widerspruch des Generalstabschefs: Auch dann werde die Marine »nicht fertig sein«, während die Armee »in immer ungünstigere Lage« käme, »denn die Gegner rüsteten stärker als wir, die wir mit dem Gelde sehr gebunden seien«.

Tatsächlich wurde in allen europäischen Staaten nach den Balkankriegen fieberhaft aufgerüstet. In Deutschland wurde 1913 eine große Heeresvorlage verabschiedet, die den Schwerpunkt von der Flottenrüstung wieder auf die Landstreitkräfte verlegte. Parallel dazu wurden die Bemühungen verstärkt, die Bevölkerung psychologisch auf den bevorstehenden Krieg vorzubereiten. Im Dezember 1913 führte die Entsendung einer deutschen Militärmission unter Generalleutnant Otto Liman von Sanders nach Konstantinopel zu einer neuerlichen Verschärfung der Spannungen zwischen Berlin und St. Petersburg. Ein Pressekrieg im Frühjahr 1914 heizte die Kriegsstimmung noch zusätzlich an. Anfang März erschien in der »Kölnischen Zeitung« ein Artikel des Petersburger Korrespondenten, in dem berichtet wurde, dass Russland »zum Krieg gegen Deutschland« rüste und seine Vorbereitungen 1917 abgeschlossen haben würde.

Mit dieser bedrohlichen Perspektive konfrontierte Moltke Ende Mai/Anfang Juni 1914 Gottlieb von Jagow, seit 1912 Staatssekretär des Auswärtigen Amtes: »Die Aussichten in die Zukunft bedrückten ihn schwer. In 2–3 Jahren würde Rußland seine Rüstungen beendet haben. Die militärische Überlegenheit wäre dann so groß, daß er nicht wüßte, wie wir ihrer Herr werden könnten. Jetzt wären wir ihnen noch einigermaßen gewachsen. Es bliebe seiner Ansicht nach nichts übrig, als einen Präventivkrieg zu führen, um den Gegner zu schlagen, solange wir den Kampf noch einigermaßen bestehen könnten.« Noch widersetzten sich Bethmann Hollweg und Jagow der Forderung des Generalstabschefs, doch die Frage war, wielange sie dem Druck würden standhalten können. Denn auch die Zustände im Inneren waren gekennzeichnet durch eine Blockade der Kräfte, die den Gedanken nahelegte, eine »Flucht nach vorn« anzutreten.

Innenpolitisch verfolgte Bethmann Hollweg eine »Politik der Diagonale«. Er stützte sich, anders als sein Vorgänger, nicht auf eine Parlamentsmehrheit, sondern versuchte, sich von Fall zu Fall der Unterstützung durch den Reichstag zu vergewissern, wobei er eine S. 72 mittlere Linie zwischen den **Parteien und Interessenverbänden** einzuhalten bestrebt war. Er wollte als moderater Konservativer keineswegs an den Grundlagen des bestehenden konstitutionellen Systems rütteln, wohl aber wollte er es durch behutsame Reformen den Bedürfnissen der Zeit anpassen und es damit langfristig sichern. Doch schon mit seinem Vorhaben, wenigstens die gröbsten Ungerechtigkeiten des preußischen Dreiklassenwahlrechts zu beseitigen, erlitt er Schiffbruch. Den Konservativen ging die Initiative zu weit, Linksliberalen und Sozialdemokraten nicht weit genug – und so zog der Kanzler schließlich die Vorlage zurück. Bis 1918 sollte das Dreiklassenwahlrecht in Preußen in seiner Substanz nicht mehr angestastet werden.

Das Ergebnis der Reichstagswahlen vom Januar 1912 machte das Regieren für den Reichskanzler noch schwieriger. Die SPD errang sensationelle 34,8 Prozent der Stimmen und rückte mit 110 Abgeordneten als stärkste Fraktion in den Reichstag ein. Erstmals zeichneten sich hier die Umrisse einer Mitte-Links-Mehrheit ab, doch waren die gegenseitigen Berührungsängste zwischen bürgerlichen Parteien und

Sozialdemokraten noch zu groß, als dass ein parlamentarisches Zusammengehen bereits möglich gewesen wäre. Paradoxerweise stärkte der Linksruck in den Wahlen von 1912 nicht die auf »Parlamentarisierung« und Demokratisierung zielenden Bestrebungen; vielmehr erhielten die reformfeindlichen Kräfte in Armee, Bürokratie, konservativen Parteien und nationalen Agitationsvereinen Auftrieb. Die Scharfmacher im Unternehmerlager verlangten nach einer Wiederaufnahme der antisozialistischen Repressionspolitik; in der Sozialpolitik bewegte sich nichts mehr. Im März 1912 riefen die Ruhrindustriellen das Militär zur Hilfe, um einen Streik der Bergarbeiter niederzuschlagen. Auch der Gedanke eines Staatsstreichs wurde auf der rechten Seite des politischen Spektrums wieder ins Spiel gebracht.

Wie verfahren die innenpolitische Lage am Vorabend des Ersten Weltkriegs war, zeigte sich in der Zabern-Affäre vom Oktober 1913. Ausgelöst wurde sie durch einen jungen Leutnant, der während einer Exerzierstunde in der kleinen elsässischen Stadt Zabern Rekruten beleidigt hatte. Der Kasernenhofskandal brachte die ohnehin gespannten Beziehungen zwischen den preußischen Militärs und der frankophilen Zivilbevölkerung im »Reichsland« Elsaß-Lothringen zur Explosion. Es kam zu antipreußischen Demonstrationen und – im Gegenzug – zu Misshandlungen und willkürlichen Verhaftungen von Zivilisten. In einer Reichstagsdebatte von Anfang Dezember 1913 distanzierte sich Bethmann Hollweg zwar in vorsichtigen Worten von den Übergriffen einzelner Militärs; zugleich aber verteidigte er demonstrativ die exklusive Sonderstellung der Armee: »Der Rock des Königs muß unter allen Umständen geschützt werden.« Dafür sprach ihm der Reichstag mit überwältigender Mehrheit das Misstrauen aus. Das Votum blieb politisch folgenlos, weil nach der **Verfassung** der Reichskanzler nicht vom Vertrauen des Parlaments, sondern allein des Kaisers abhängig war. S. 66

Dem wachsenden Machtanspruch des Reichstags war damit eine deutliche Schranke gesetzt worden. Wie paralysiert wirkte das wilhelminische Deutschland im Frühsommer 1914, sowohl in der Außen- als auch in der Innenpolitik in seiner Handlungsfähigkeit beschränkt und unfähig, die Selbstblockade des politischen Systems zu durchbrechen. In diese Situation platzte ein unvorhersehbares Ereignis: die Ermordung des österreichisch-ungarischen Thronfolgers Franz Ferdinand und seiner Frau durch bosnische Serben in Sarajewo am 28. Juni 1914. »Furchtbare Tat, deren politische Folgen unabsehbar sein können«, notierte Vizeadmiral Hopman in sein Tagebuch.

In Wien waren einflussreiche Kreise in Militär und Politik entschlossen, die Gunst der Stunde zu nutzen, um endlich gegen das verhasste Serbien losschlagen zu können, dessen Regierung man zu Unrecht für das Attentat verantwortlich machte. Allerdings war für ein militärisches Vorgehen gegen Serbien, das Russland direkt in seinen Interessen treffen und daher die Gefahr eines großen Krieges heraufbeschwören musste, die Rückendeckung durch den deutschen Bündnispartner erforderlich. Um diese sicherzustellen, wurde am 4. Juli Alexander Graf Hoyos, Kabinettschef im k.u.k. Außenministerium, in geheimer Mission nach Berlin entsandt. Das Ergebnis der Gespräche vom 5. und 6. Juli fiel zur vollen Zufriedenheit der Kriegspartei in Wien aus. Wilhelm II. und Bethmann Hollweg sicherten Österreich-Ungarn nicht nur volle Unterstützung zu – sie drängten darüber hinaus auf rasches und energisches Handeln. Dabei war sich der Reichskanzler wohl bewusst, dass die Reichsleitung mit diesem »Blankoscheck« ein hohes Risiko eingegangen war: »Eine Aktion gegen Serbien kann zum Weltkrieg führen«, gestand er am Abend des 6. Juli, nach seiner Rückkehr auf sein Gut Hohenfinow, einem Vertrauten, dem Legationssekretär im Auswärtigen Amt Kurt Riezler. Freilich durfte von solchen Befürchtungen nichts an die Öffentlichkeit dringen. In Berlin demonstrierte man Normalität. Die Militärs fuhren in Urlaub, und auch der Kaiser brach zu seiner üblichen Nordlandreise auf. Während die Menschen in ganz Europa einen berauschend schönen Sommer genossen, liefen hinter der täuschenden Kulisse der Friedfertigkeit in den Regierungszentralen in Wien und Berlin die Kriegsvorbereitungen auf Hochtouren.

Warum ließ sich Bethmann Hollweg im Juli 1914 auf eine riskante Eskalationsstrategie ein, obwohl er doch in früheren Krisen eher auf Diplomatie und Entspannung gesetzt hatte? Zum einen hatte der Reichskanzler inzwischen die Hoffnung, das Verhältnis zu Großbritannien verbessern zu können, aufgeben müssen. Im Juni 1914 hatte die deutsche Regierung über einen Informanten in der russischen Botschaft in London erfahren, dass England und Russland geheime Verhandlungen über eine Marinekonvention führten, die unter anderem gemeinsame Landungsoperationen ihrer Flotten in Pommern für den Kriegsfall vorsehen sollte. Damit schien sich die britische Politik noch enger an Russland und Frankreich zu binden und, anders als noch während der Balkankriege, für ein gemeinsames Krisenmanagement nicht mehr zur Verfügung zu stehen. Zum anderen zeigte sich in der kritischen Situation des Sommers 1914, dass die düsteren Prophezeiungen Moltkes über das militärische Erstarken Russlands die Reichsleitung nicht unbeeindruckt gelassen hatten. »Die Zukunft gehört Rußland, das wächst und wächst und sich als immer schwererer Alp auf uns legt«, erklärte er am Abend des 6. Juli, und vierzehn Tage später, als die Julikrise in ihre heiße Phase trat, äußerte er wiederum gegenüber Riezler: »Rußlands wachsende Ansprüche und ungeheure Sprengkraft. In wenigen Jahren nicht mehr abzuwehren, zumal wenn die jetzige europäische Constellation bleibt.«

Die von der Reichsleitung ausdrücklich gewünschte und forcierte militärische »Strafaktion« gegen Serbien sollte der Test sein auf die russische Kriegsbereitschaft. Nahm das Zarenreich den Fehdehandschuh auf, dann war es nach Ansicht Bethmann Hollwegs und seiner engsten Berater im Auswärtigen Amt besser, den Krieg jetzt zu führen als zu einem späteren Zeitpunkt, wenn – wie die Militärs scheinbar glaubhaft versicherten – die Aussichten, ihn zu gewinnen, sich nur verschlechtern würden. In diesem Sinne hat der Reichskanzler im

Januar 1918, einige Monate nach seiner Entlassung, selbst von einem »Präventivkrieg« gesprochen. »Aber wenn der Krieg doch über uns hing, wenn er in zwei Jahren noch viel gefährlicher und unentrinnbarer gekommen wäre, und wenn die Militärs sagen, jetzt ist es noch möglich, ohne zu unterliegen, in zwei Jahren nicht mehr! Ja, die Militärs!«

Wich Russland allerdings, wie in der Bosnischen Annexionskrise 1908, vor der Kriegsdrohung zurück, sei es, weil es das Risiko scheute, oder seine Bündnispartner ihm den Beistand versagten, dann eröffnete sich die Möglichkeit, den Krieg Österreich-Ungarns gegen Serbien zu »lokalisieren«, Russland eine schwere diplomatische Demütigung zuzufügen und »die Entente über diese Aktion auseinander zu manövrieren«, wie Riezler am 8. Juli notierte. Diese Krisenlösung war, wenn überhaupt, nur dann eine realistische Option, wenn die Donaumonarchie die günstige psychologische Situation nach dem Attentat rasch für einen militärischen Schlag ausnutzte und die Triple-Entente damit vor vollendete Tatsachen stellte. »Ein schnelles *fait accompli*, und dann freundlich gegen die Entente, dann kann der Choc ausgehalten werden«, so gab wiederum Riezler am 11. Juli des Kanzlers Hoffnung auf eine »Lokalisierung« des Konflikts zu Protokoll.

Doch in Wien ließ man, zum Entsetzen der deutschen Reichsleitung, kostbare Zeit verstreichen. Erst am 23. Juli, als die Erregung über den Fürstenmord längst abgeklungen war und niemand mehr mit ernsthaften Verwicklungen rechnete, wurde das Ultimatum in Belgrad übergeben. Die Bedingungen waren, in Absprache mit dem deutschen Bundesgenossen, so formuliert, dass Serbien sie nicht annehmen konnte, wenn es nicht als souveräner Staat abdanken wollte. Das Ultimatum schlug in den Hauptstädten Europas wie eine Bombe ein. Den Beteuerungen der deutschen Regierung, sie sei über den Inhalt nicht informiert gewesen, schenkte man zu Recht keinen Glauben. Für die Ententemächte war nun klar, dass Deutschland und Österreich-

Ungarn das Attentat nur als Vorwand für die entscheidende Kraftprobe benutzten. »Sie wollen den Krieg und haben die Brücken hinter sich abgebrochen«, warf der russische Außenminister Sasonow in einer erregten Unterredung am 24. Juli dem Botschafter Österreich-Ungarns vor. Die Position des Zweibunds verschlechterte sich noch zusätzlich dadurch, dass Serbien in seiner Antwort vom 25. Juli den Forderungen Wiens sehr weit entgegenkam. Damit gab es eigentlich keinen Grund mehr für ein militärisches Vorgehen. Dies erkannte als erster Kaiser Wilhelm II. Unmittelbar nach seiner Rückkehr von der Nordlandreise bekam er vom Reichskanzler den Text der serbischen Antwortnote zu lesen. Sein Kommentar: »Eine brillante Leistung für eine Frist von bloß 48 Stunden. Das ist mehr, als man erwarten konnte! Ein großer moralischer Erfolg für Wien, aber damit fällt jeder Kriegsgrund fort!« Doch Österreich-Ungarn hatte bereits unmittelbar nach Erhalt der Antwortnote die diplomatischen Beziehungen zu Serbien abgebrochen; es mobilisierte einen Teil seines Heeres und erklärte am 28. Juli Belgrad den Krieg. Russland antwortete am nächsten Tag mit der Teilmobilmachung, und der englische Außenminister Grey teilte dem deutschen Botschafter in London mit, dass Großbritannien in einem Konflikt nicht neutral bleiben würde. Der Weltkrieg war damit in allernächste Nähe gerückt.

Erst jetzt wurde der bis dahin so nervenstarke Reichskanzler unsicher und unternahm Schritte, um die Eskalation der Krise abzubrechen und den Bündnispartner auf den Weg von Verhandlungen zurückzuführen, den die Reichsleitung selbst noch wenige Tage zuvor ausgeschlossen hatte, indem sie alle von England ausgehenden Vermittlungsbemühungen boykottierte. Doch das plötzliche Bremsmanöver kam zu spät, um die mit rasender Fahrt auf die Katastrophe zutreibende Entwicklung noch aufhalten zu können. In allen am Konflikt beteiligten Staaten hatte bereits der Automatismus der Mobilmachungsmaßnahmen eingesetzt, der der Diplomatie kaum noch Handlungsspielraum ließ. Am 30. Juli musste Bethmann Hollweg im preußischen Staatsministerium eingestehen, dass »die Direktion verloren (gegangen) und der Stein ins Rollen geraten« sei.

Je klarer sich abzeichnete, dass eine »Lokalisierung« des Konflikts unwahrscheinlich war, der große Krieg immer wahrscheinlicher wurde, desto intensiver bemühte sich der Reichskanzler darum, das Zarenreich als den angeblichen Aggressor hinzustellen. Nur unter dieser Bedingung konnte er damit rechnen, die Unterstützung der SPD für seinen Kriegskurs zu bekommen. Denn der Hass auf das reaktionäre Zarenreich war in der deutschen Sozialdemokratie besonders ausgeprägt. »Rußland aber muß rücksichtslos unter allen Umständen ins Unrecht gesetzt werden«, hatte der Kanzler in einem Telegramm an Wilhelm II. vom 26. Juli gefordert. Dies war die Geburtsstunde einer Legende: die von der angeblichen Unschuld des Deutschen Reiches am »Ausbruch« des Ersten Weltkriegs. Sie sollte den Krieg überdauern und das innenpolitische Klima der Weimarer Republik
S. 109 nachhaltig vergiften (**Kriegsschuldfrage**).

Den ungeduldig auf die Generalmobilmachung drängenden Militärs rang Bethmann Hollweg noch einmal eine Frist ab: Nicht Deutschland, sondern Russland musste seine Truppen zuerst voll mobilisieren, sollte die Strategie der Schuldzuweisung erfolgreich sein. Am Mittag des 31. Juli traf endlich die lang ersehnte Nachricht von der russischen Generalmobilmachung in Berlin ein. Im Kriegsministerium löste sie Begeisterung aus: »Überall strahlende Gesichter, Händeschütteln auf den Gängen, man gratuliert sich, daß man über den Graben ist«, bemerkte ein Augenzeuge. Am 1. August machte das Deutsche Reich mobil und erklärte Russland den Krieg. Am 3. August folgte die Kriegserklärung an Frankreich und am 4. August, nach dem Einmarsch deutscher Truppen ins neutrale Belgien, die Kriegserklärung Englands an Deutschland. »So ist denn heute wirklich der Weltkrieg entbrannt«, schrieb der Heidelberger Historiker Karl Hampe in sein Tagebuch. »Daß es mit so reißender Schnelle geschehe, konnte man nicht ahnen.«

In allen am Krieg beteiligten Ländern kam es zu Beginn des Krieges zu Ausbrüchen eines wilden Chauvinismus. Doch ein »**Augusterlebnis**« im Sinne einer allgemeinen Kriegsbegeisterung hat es nicht gegeben. Hellsichtige Beobachter erkannten früh, dass nach dem Krieg nichts mehr sein würde wie zuvor. So prophezeite der Wiener Schriftsteller Arthur Schnitzler am 5. August 1914: »Der Weltkrieg. Der Weltruin... Wir erleben einen ungeheuren Moment der Weltgeschichte. In wenigen Tagen hat sich das Bild der Welt völlig verändert. Man glaubt zu träumen.« S.100

Das Ende des Kaiserreichs

Der Erste Weltkrieg war, nach einem viel zitierten Wort des amerikanischen Historikers George F. Kennan, die »Urkatastrophe des 20. Jahrhunderts«. Er begann als europäischer »Normalkrieg« und weitete sich im Laufe von vier Jahren zu einem globalen Ringen, das bereits alle Züge eines totalen Krieges aufwies. Auf erschreckende Weise trat in ihm das Destruktionspotential moderner Gesellschaften zu Tage. Die herkömmliche Unterscheidung zwischen Front und Heimat löste sich auf. In allen Krieg führenden Staaten wurde die »Heimatfront«, wie sie jetzt hieß, voll in die Mobilisierung auch der letzten Ressourcen einbezogen. Auch die Kriegführung wandelte sich. Aller industrieller Fortschritt, aller menschlicher Erfindungsgeist dienten nur noch einem Zweck: der Entwicklung immer neuer, schrecklicherer Waffensysteme. Doch der Erste Weltkrieg wurde nicht nur auf den Schlachtfeldern ausgetragen, er war zugleich ein Krieg der Bilder. In nie dagewesenem Maße wurden die modernsten Mittel der Propaganda, unter anderem des Films, eingesetzt, um die gegenseitigen Vorurteile und Phobien zu steigern. Ein zentrale Rolle im Bilderkrieg spielten die Gewaltexzesse, welche die deutschen Truppen beim Einmarsch ins neutrale Belgien im August 1914 verübten. Sie kosteten, wie neuere Forschungen erwiesen haben, über 6000 belgischen Zivilisten das Leben; viele historische Gebäude, darunter die weltberühmte Bibliothek von Löwen, wurden zerstört. Der Propaganda der Ententemächte boten diese Vorgänge einen idealen Anknüpfungspunkt. Die Deutschen wurden als unzivilisierte Barbaren, als »Hunnen« dargestellt – in Anspielung auf jene berüchtigte Rede, die Wilhelm II. im Juli 1900 bei der Verabschiedung des deutschen Expeditionskorps nach China gehalten hatte. Die deutsche Gegenpropaganda hatte demgegenüber einen schweren Stand. Sie stellte die »Ideen von 1914« den »Ideen von 1789« gegenüber, berief sich auf die unverfälschte »deutsche Kultur« im Gegensatz zur angeblich dekadenten »westlichen Zivilisation«, doch blieb das ohne große Wirkung, auch im neutralen Ausland, wo man zu Recht im Deutschen Reich den Aggressor sah.

Obwohl keineswegs alle deutschen Militärs mit einem kurzen Krieg rechneten, war doch das gesamte strategische Konzept, der so genannte »Schlieffen-Plan«, auf eine schnelle Entscheidung angelegt: Der rechte Flügel des Westheeres sollte durch das neutrale Belgien weit nach Nordfrankreich vorstoßen, dann nach Süden einschwenken und die französischen Streitkräfte in einer großen Zangenbewegung einkesseln und vernichten. Danach sollten alle verfügbaren Kräfte an die Ostfront geworfen und hier der Sieg sichergestellt werden. Dieser Operationsplan scheiterte bereits Anfang September 1914 mit dem Rückzug an der Marne. »Überall dumpfe Gewitterstimmung«, notierte Vizeadmiral Hopman am 9. September. »Vielleicht war der Optimismus unserer Armee doch zu groß.« Generalstabschef von Moltke erlitt einen Nervenzusammenbruch und wurde von Kriegsminister Erich von Falkenhayn abgelöst. Vor der Öffentlichkeit wurde der Wechsel zunächst geheimgehalten, um keine Beunruhigung aufkommen zu lassen. Diese Politik der Desinformation wurde bis zum Ende des Krieges beibehalten; sie war die Hauptursache dafür, dass die deutsche Bevölkerung sich bis zuletzt ein falsches Bild über die militärische Lage des Reichs machte.

Um vom Rückzug an der Marne abzulenken, bauschte die deutsche Propaganda die Siege auf, welche die 8. Armee unter Paul von Hindenburg und Erich Ludendorff in der Schlacht von Tannenberg Ende August und an den Masurischen Seen Mitte September über die russischen Truppen errungen hatte. Das Feldherrnduo erfreute sich seitdem großer Popularität. Besonders um Hindenburg entwickelte sich ein ausgeprägter Personenkult, der umso mehr ins Gewicht fiel, als der Kaiser sich seiner Aufgabe im Kriege noch weniger gewachsen zeigte als zuvor. Seit Herbst 1914, nach einem neuerlichen Versuch Falkenhayns, doch noch eine Entscheidung zu erzwingen, erstarrte die Westfront im Stellungskrieg. Von der Kanalküste bis an die Schweizer Grenze, in einer Länge von 800 Kilometern, erstreckte sich ein tiefgestaffeltes System von Schützengräben, das für Angreifer trotz großer Überlegenheit kaum mehr zu überwinden war. Auch an der Ostfront blieb den Mittelmächten trotz großer militärischer Erfolge im Sommer 1915 ein entscheidender Durchbruch versagt. Nicht besser erging es den Alliierten, die in immer neuen Offensiven gegen die Fronten der Mittelmächte anrannten – unter fürchterlichen Verlusten auf beiden Seiten.

Nicht Mut und Kampfgeschick bestimmten den Rhythmus von Grabenkrieg und Materialschlacht, sondern der Einsatz neuer Technologien. Neben dem Maschinengewehr, der wirkungsvollsten Verteidigungswaffe, spielten Flammenwerfer, Handgranaten, Artillerie, Luftaufklärung, Fernsprecher eine immer größere Rolle. Im April 1915 setzte das deutsche Heer bei Ypern zum erstenmal Giftgas ein. Seitdem eskalierte der Gaskrieg auf beiden Seiten. Auch der Luftkrieg feierte eine schauerliche Premiere. Dennoch: Kampfflieger wie der Deutsche Manfred von Richthofen durften sich als Ritter der Lüfte fühlen über dem Gemetzel, das der industrialisierte Krieg am Boden anrichtete. Die Festung Verdun wurde zum Symbol des mechanisierten Tötens. Hier verwickelte Falkenhayn die Franzosen seit Februar 1916 in eine gewaltige Abnutzungsschlacht, die auf beiden Seiten

Hunderttausende von Toten und Verwundeten kostete, den erhofften militärischen Sieg aber um keinen Schritt näher brachte. Ende August 1916 wurde Falkenhayn abgelöst; Hindenburg und Ludendorff traten an die Spitze der Obersten Heeresleitung (OHL) – ein Einschnitt in der Geschichte des Kaiserreichs. Denn aufgrund des fast unbegrenzten Vertrauens, das weite Kreise des deutschen Volkes ihnen entgegenbrachten, befanden sie sich gegenüber der zivilen Reichsleitung in einer sehr starken Position. Das nutzten sie dazu aus, um Reichskanzler Bethmann Hollweg Anfang Januar 1917 eine Entscheidung aufzuzwingen, gegen die er sich lange gewehrt hatte: den Übergang zum unbeschränkten U-Bootkrieg. Die Erwartung, dadurch England endlich in die Knie zwingen zu können, erfüllte sich nicht. Stattdessen traten, wie vom Kanzler befürchtet, Anfang April 1917 die Vereinigten Staaten von Amerika auf seiten der Entente in den Krieg. Damit sollte sich die Waage endgültig zuungunsten der Mittelmächte neigen. Daran änderte auch die Tatsache nichts, dass im Laufe des Jahres 1917 das revolutionäre Russland militärisch zusammenbrach.

Seit November 1914, als Falkenhayn Bethmann Hollweg eröffnet hatte, dass an einen Sieg nicht mehr zu denken sei, »solange Rußland, Frankreich und England zusammenhielten«, hatte die Reichsleitung auf verschiedenen Wegen versucht, Russland durch einen Separatfrieden von der gegnerischen Koalition »abzusprengen«. Doch diese Bemühungen waren ohne Erfolg geblieben, ebenso wie die vorsichtigen Sondierungen, Verhandlungen über einen allgemeinen Frieden aufzunehmen. Die traditionellen Mittel der Geheimdiplomatie und der Kabinettspolitik versagten angesichts des »totalen« Krieges. In allen beteiligten Staaten wuchs mit der Radikalisierung der Kriegführung die Neigung, den Krieg bis zum Ende, bis zur Erschöpfung des Gegners, auszukämpfen. Und jede Seite verband mit diesem unbedingten Siegeswillen Kriegsziele, die über den Satus quo ante der Vorkriegszeit hinausgingen.

Die Reichsleitung hatte ihre Ziele auf dem Höhepunkt der Marneschlacht am 9. September 1914 in einer »vorläufigen Aufzeichnung über die Richtlinien unserer Politik beim Friedensschluß« niedergelegt, die seit Fritz Fischers Buch »Griff nach der Weltmacht« als Bethmann Hollwegs »Septemberdenkschrift« in die Geschichtsbücher eingegangen ist. Darin wurde als »allgemeines Ziel des Krieges« festgehalten: »Sicherung des Deutschen Reiches nach West und Ost auf erdenkliche Zeit. Zu diesem Zweck muß Frankreich so geschwächt werden, daß es als Großmacht nicht neu erstehen kann, Rußland von der deutschen Grenze nach Möglichkeit abgedrängt und seine Herrschaft über die nichtrussischen Vasallenvölker gebrochen werden.« Neben weitreichenden Annexionen und Einflusserweiterungen im Westen wie im Osten fasste das Programm »die Gründung eines mitteleuropäischen Wirtschaftsverbandes« ins Auge, der bei formeller Gleichberechtigung der Mitglieder faktisch »unter deutscher Führung« stehen sollte. Das war ein Maximalprogramm, das, wäre es verwirklicht worden, die uneingeschränkte Hegemonialstellung des Deutschen Reiches auf dem Kontinent bedeutet hätte. Doch mit dem Scheitern des Schlieffen-Plans entfiel die wichtigste Voraussetzung, unter der die Kriegszieldebatte zu Beginn des Krieges geführt worden war. Bethmann Hollweg stand fortan vor dem schwierigen Problem, wie er die hochgespannten Kriegszielerwartungen der Öffentlichkeit mit den veränderten militärischen Realitäten in Einklang bringen sollte. Einerseits war auch der Kanzler keineswegs geneigt, auf Kriegsziele völlig zu verzichten; andererseits hielt er es für müßig, sich bereits auf bestimmte Forderungen festzulegen, weil unsicher war, was sich letztlich davon verwirklichen ließ. Seinen Wunsch nach einer Verbesserung der deutschen Machtposition verbarg er hinter der Formel von den »Sicherheiten und Garantien«, die Spielraum für unterschiedliche Interpretationen ließ. Mit dieser Haltung stieß er jedoch auf wütende Opposition einer breiten Kriegszielbewegung aus Wirtschaftsverbänden, Abgeordneten aller bürgerlichen Parteien, alldeutschen

Publizisten und Professoren, die seit der Jahreswende 1914/15 gegen die Reichsleitung mobil machte. Bethmann Hollwegs Versuch, die Diskussion um uferlose Kriegsziele zu unterbinden, scheiterte. Im Laufe des Krieges, zumal nach der Berufung Hindenburgs und Ludendorffs, zwei entschiedenen Anhängern eines »Siegfriedens«, an die Spitze der OHL, wurde er in stärkerem Maße, als ihm lieb war, gezwungen, sich in der Kriegszielfrage festzulegen. Umgekehrt war das Verlangen nach »Sicherheiten« auch auf seiten der Alliierten wirksam. Dass die politische, wirtschaftliche und militärische Macht Deutschlands, des Störenfrieds der internationalen Ordnung vor 1914, drastisch reduziert werden müsse, darin waren sie sich, bei allen Differenzen im Einzelnen, einig. Ein Verzicht auf dieses Ziel wurde mit dem Verlust des Krieges gleichgesetzt. Vor diesem Hintergrund hatten alle Friedensbemühungen, von welcher Seite sie auch unternommen wurden, keine Chance.

Der Erste Weltkrieg war von Anfang an auch ein Wirtschaftskrieg. Die von den Alliierten verlangte Seeblockade schnitt die Mittelmächte vom Weltmarkt ab. Gerade für ein hochindustrialisiertes Exportland wie Deutschland, das von der ungehinderten Einfuhr von Rohstoffen abhängig war, musste das schwerwiegende Folgen haben. Auf Betreiben des Chefs der AEG, Walther Rathenau, wurde bereits im August 1914 eine Kriegsrohstoffabteilung im preußischen Kriegsministerium eingerichtet, die mit umfassenden Vollmachten für die Zwangsbewirtschaftung von Rohstoffen und die beschleunigte Herstellung von Ersatzstoffen ausgestattet wurde. So konnten die im Herbst 1914 erstmals auftretenden Engpässe in der Munitionsversorgung des Heeres überwunden werden. Viel intensiver als vor dem Krieg griff der Staat in die Wirtschaft und die Gestaltung der Arbeitsbeziehungen ein, wobei die Belange der Rüstungsindustrie absolute Priorität besaßen.

In Deutschland wurde der Krieg in der Hauptsache nicht über eine Erhöhung der Steuern, sondern über Kredite und Anleihen finanziert.

Dadurch erhielten inflationäre Tendenzen einen starken Auftrieb. Die Preise liefen den Löhnen davon, überdies wurden Arbeitszeiten verlängert, Arbeitsschutzbestimmungen außer Kraft gesetzt. Die inneren Spannungen, die bei Kriegsbeginn vorübergehend überdeckt worden waren, brachen im Spätherbst 1916 wieder auf, am dramatischsten in Russland, in dessen Hauptstadt Petrograd im Februar 1917 der revolutionäre Funke zündete.

Doch auch im Kaiserreich war zu diesem Zeitpunkt der im August 1914 geschlossene »Burgfriede« zwischen den Parteien längst zerbröselt. Hier wurde die Geduld der Bevölkerung vor allem durch die anhaltende Versorgungskrise strapaziert. Vor dem Krieg hatte Deutschland 20 Prozent seiner Lebensmittel importiert; die alliierte Blockade schränkte die Zufuhren stark ein. Verschärft wurde die Mangelsituation durch die Unfähigkeit der Behörden, für eine halbwegs gerechte Verteilung der vorhandenen Lebensmittel zu sorgen. Seit Ende 1915/ Anfang 1916 gehörten Schlangen vor den Geschäften zum Alltagsbild vieler Großstädte. In den Unterhaltungen der wartenden Arbeiterfrauen äußerte sich manches, was in der zensierten Presse keinen Niederschlag mehr fand. »Es herrscht hierbei eine äußerst gereizte Stimmung unter diesen Proletarierfrauen, und die Maßnahmen der Regierung erfahren häufig eine recht gehässige Kritik«, hieß es in einem Polizeibericht. Häufig wurden diese »Lebensmittelpolonaisen« zum Ausgangspunkt von »Hungerkrawallen«: Frauen und Jugendliche demonstrierten für »Frieden und Brot«, stürmten Rathäuser und plünderten Läden. Gegen solche Proteste gingen Polizeibeamte oft mit übertriebener Härte vor, was wiederum den Zorn der hungernden Menschen steigerte. Besonders unerträglich wurden die Zustände im Winter 1916/17 – dem »Kohlrübenwinter«. »Hier bei uns... sieht es traurig aus«, klagte eine Hamburgerin in einem Brief vom Februar 1917, der von der Zensur abgefangen wurde. »Man geht hungrig zu Bett und steht hungrig wieder auf... Nur die ewigen Rüben, ohne Kartoffeln, ohne Fleisch, alles in Wasser gekocht.« Da die ausgegebenen

Hungerrationen nicht ausreichten, waren immer mehr Großstädter gezwungen, am Wochenende aufs Land zu ziehen, um zusätzliche Lebensmittel zu beschaffen. Den größten Teil der auf dem Schwarzmarkt gehandelten Waren ergatterten freilich nicht die kleinen »Hamsterer«, sondern die Begüterten, die sich praktisch jeden Wucherpreis leisten konnten. Das Elend der Vielen kontrastierte auffallend mit dem Luxus der Wenigen. Und dieser Kontrast wirkte, je länger desto mehr, überaus aufreizend und verbitternd. »Die schönen Reden vom Durchhalten gelten nur für die arbeitende Klasse, die herrschende Klasse hat sich mit ihrem Geldsack schon genügend versorgt«, empörte sich eine Frau in einer der vielen Hamburger Kriegsküchen, in denen Suppen für die Armen ausgegeben wurden.

Der zermürbenden Erfahrung des Hungers und des Mangels in der »Heimat« entsprach die des massenhaften Sterbens an den Fronten. Alltag im Schützengraben – das hieß ein Maulwurfsleben in Unterständen, manchmal bis zu zehn Metern unter der Erde, voller Dreck, Gestank und Ungeziefer, das hieß das nervenzehrende Warten auf den nächsten Angriff, die Angst vor einem feindlichen Artillerieüberfall inmitten einer surrealistischen Schlachtlandschaft mit Stacheldrahtverhauen und entsetzlich verstümmelten Leichen, die wieder und wieder umgepflügt wurden im Trommelfeuer der Granaten. »Ihr könnt Euch keine Vorstellung von diesem Schrecken machen«, schrieb ein Infanterist im Juni 1916 über das Gemetzel bei Verdun. Diese Erfahrung markierte einen Zivilisationsbruch, der sich dem kollektiven Gedächtnis der Nachkriegsgesellschaften tief eingeprägt hat. In der Gemeinschaft des Schützengrabens, unter der Allgegenwart des Todes, waren die Gesetze des bürgerlichen Zivillebens außer Kraft gesetzt. Abstumpfung, Verrohung, Hass auf die Vorgesetzten und Verachtung für die »Etappe« – das war es, was die rauhe Gesellschaft der Frontkämpfer verband. Vor diesem Hintergrund verblasste die Erinnerung an die Normalität der Vorkriegswelt. Zwischen Front und Heimat tat sich eine wachsende Kluft auf. Wer als Urlauber für wenige

Wochen ins Familienleben zurückkehrte, der fühlte sich oft fremd und unverstanden; der war aber auch für seine Angehörigen nicht selten ein Fremder geworden, der nicht mehr begriff, dass sich während seiner Abwesenheit vieles verändert hatte.

Zu den auffälligsten Veränderungen gehörte eine tiefgreifende Umstrukturierung der Arbeitswelt. In die expandierenden Rüstungsbetriebe strömten in wachsendem Maße Bevölkerungsgruppen, die dem industriellen Arbeitsprozess bislang ferngestanden hatten, darunter auch Frauen. Viele der orts- und berufsfremden Arbeiter und Arbeiterinnen mochten sich weder mit dem für sie fremden Betrieb noch mit einer Arbeit identifizieren, die sie nur als Übergangsstadium betrachteten. So erklärt sich, dass diese zusammengewürfelten Belegschaften besonders reizbar auf die sich verschlechternden Arbeits- und Lebensbedingungen reagierten. Für die Aufrechterhaltung der inneren Kriegsbereitschaft war aber gerade die Pazifizierung der Arbeiterschaft der neuralgische Punkt. Inwieweit sie gelang, hing entscheidend von der Politik der Regierung gegenüber den Arbeiterorganisationen ab. In Deutschland wurde mit dem Hilfsdienstgesetz vom 5. Dezember 1916 der Versuch einer umfassenden Mobilisierung aller verfügbaren Arbeitskräfte unternommen. Um den Gewerkschaften die Annahme schmackhaft zu machen, wurde ihnen eine Reihe sozialpolitischer Zugeständnisse gemacht, unter anderem die Einrichtung ständiger Arbeiter- und Angestelltenausschüsse in Betrieben mit mindestens 50 Beschäftigten. Je enger die Gewerkschaften allerdings mit den Zivil- und Militärbehörden kooperierten, desto weniger waren sie imstande, das Protestpotential in der kriegsmüden Arbeiterschaft aufzufangen und zu paralysieren.

Schon 1916 kam es zu den ersten »wilden«Streiks in der Rüstungsindustrie. Die Arbeiter verlangten zumeist Teuerungszulagen oder zusätzliche Lebensmittel. Im Laufe des Jahres 1917 trat, angeregt durch die Nachrichten über die revolutionären Ereignisse in Russland, zu den ökonomischen Beschwernissen das Verlangen nach Frieden und inneren Reformen immer beherrschender hervor. Die Politisierung der Protestbewegung zeigte sich im April 1917, als in Berlin, Leipzig und anderen Orten die Metallarbeiter die Arbeit niederlegten. Noch deutlicher wurde sie in der großen Streikwelle Ende Januar 1918, die zur größten Massenaktion im ausgehenden Kaiserreich wurde. Allein in Berlin, dem Zentrum des Streiks, traten über 400 000 Arbeiter in den Ausstand; von hier sprang der Funke auf fast alle Industriestädte über. Treibende Kraft der Bewegung waren die Betriebsobleute der Unabhängigen Sozialdemokratischen Partei Deutschlands (USPD), die sich im April 1917 aus Protest gegen die Zustimmung des Mehrheitsflügels zur Kriegspolitik der Regierung von der Sozialdemokratie abgespalten hatte. Der neuen Partei schloss sich auch eine kleine Schar radikaler Linker um Rosa Luxemburg und Karl Liebknecht, bekannt unter dem Namen »Spartakusgruppe«, an.

Die wachsende Unzufriedenheit in der Industriearbeiterschaft war für Bethmann Hollweg der Hauptgrund, nun die innere Reformpolitik wieder aufzunehmen. Er brachte den Kaiser dazu, in seiner »Osterbotschaft« vom 7. April 1917 eine Reform des preußischen Dreiklassenwahlrechts für die Zeit nach dem Kriege anzukündigen. Das war zu wenig, um die kriegsmüden Teile der Bevölkerung ruhig zu stellen; in den Augen der Konservativen und der OHL war es aber bereits zuviel an Nachgiebigkeit gegenüber dem demokratischen Zeitgeist. In der S. 104 **Julikrise 1917** drohten Hindenburg und Ludendorff mit ihrem Rücktritt, falls Bethmann Hollweg im Amte bliebe, und Wilhelm II. musste dieser Erpressung nachgeben. Die neuen Reichskanzler, zunächst Georg Michaelis, zuvor preußischer Staatsminister für Ernährung, seit Oktober 1917 Georg von Hertling, zuvor bayerischer Ministerpräsident, waren nicht viel mehr als Erfüllungsgehilfen der Heeresleitung, deren Macht größer war als jemals zuvor. Gleichwohl war das Deutschland der Jahre 1917/18 keine »Militärdiktatur«, denn auch Hindenburg und Ludendorff mussten Rücksicht nehmen auf die Reichstagsmehrheit aus Mehrheitssozialdemokratie, Zentrum und Fortschrittspartei, die im Juli 1917 einen »Interfraktionellen Ausschuss« gebildet und das Thema der »Parlamentarisierung« der **Verfassung** auf die Tagesordnung gesetzt hatte. S. 66

Im Frühjahr 1918 wollte die OHL noch einmal das Blatt wenden. Nachdem sie Russland Anfang März 1918 in Brest-Litowsk einen unerhört harten Frieden diktiert hatte, suchte sie im Westen durch eine große Offensive die militärische Entscheidung zu erzwingen. Doch auch die letzte Anspannung aller Kräfte brachte außer einigen Geländegewinnen keinen durchschlagenden Erfolg. Die Folge war, dass die an der »Heimatfront« bereits überall sichtbaren Auflösungserscheinungen nun auch auf Heer und Marine übergriffen. Befehlsverweigerungen, Disziplinverstöße, Desertionen häuften sich, und zwar in einem Maße, dass Historiker sogar von einem »verdeckten Militärstreik« sprechen. Nachdem die Hoffnungen auf einen militärischen Sieg sich endgültig verflüchtigt hatten, traten Kriegsmüdigkeit und Erschöpfung im Spätsommer 1918 stärker hervor als jemals zuvor. Was ein Polizeispitzel Mitte August einem Gespräch zweier Lazarettinsassen in Bremerhaven ablauschte, entsprach einer weitverbreiteten Stimmung: »Siehst Du, Kamerad, wir sind kaputt, keiner denkt mehr an Sieg, was die Zeitungen schreiben, ist alles Lug und Trug... Sollen wir uns denn die Knochen kaputt schießen lassen, nur weil die Oberen noch Lust haben an dieser wahnsinnigen Schlachterei?... Wir kriegen unsere Kameraden so weit, daß sie alle mitmachen wie in Rußland, wir haben ja nichts mehr zu verlieren.« Der Verfall der staatlichen Autorität beschleunigte sich in einem rasanten Tempo. Um behördliche Anordnungen kümmerte sich kaum noch jemand, zumal man allen Verlautbarungen von amtlicher Seite keinen Glauben mehr schenkte. Als die Heeresleitung Ende September 1918 den militärischen Offenbarungseid leistete und mit dem Drängen auf Waffenstillstand die Niederlage eingestand, brachen die letzten Dämme. Die parallel zum deutschen Waffenstillstandsangebot eingeleitete innenpolitische Reform, mit dem Herzstück der »Parlamentarisierung« der

Verfassung und der Aufnahme der Mehrheitssozialdemokraten in die neue Regierung des Prinzen Max von Baden, kam zu spät, um noch einen Umschwung bewirken zu können. Eine radikale Stimmung des »Frieden um jeden Preis« erfasste nun auch Schichten der Bevölkerung, deren monarchische Loyalität bislang ganz außer Zweifel gestanden hatte. Ende Oktober weigerten sich die Matrosen in Bremerhaven, dem Befehl der Marineleitung zu einem letzten Vorstoß in die Nordsee nachzukommen. Anfang November griff die Rebellion in Kiel aufs Land über, und von hier aus breitete sie sich in den folgenden Tagen über ganz Deutschland aus. Überall wurden Arbeiter- und Soldatenräte gebildet. Fast widerstandslos brach die alte Ordnung zusammen.

Am Morgen des 9. November erreichte die revolutionäre Bewegung die Hauptstadt. Die Berliner Großbetriebe traten in den Generalstreik; die Truppen in den Garnisonen verbrüderten sich mit den Arbeitern. Vergeblich versuchte Prinz Max von Baden, den Kaiser in letzter Minute zur Abdankung zu bewegen. So entschloss er sich, die Dinge selbst in die Hand zu nehmen. Gegen 12 Uhr ließ er über das Wolffsche Telegraphenbüro die Meldung verbreiten, dass Wilhelm II. auf seinen Thron verzichtet habe. »Eine ganz unerhörte Tat!«, empörte sich Hans Georg von Plessen, der kaiserliche Generaladjutant, im fernen Hauptquartier im belgischen Spa. Wenig später übertrug Prinz Max dem MSPD-Vositzenden Friedrich Ebert die Kanzlerschaft. Um 2 Uhr nachmittags rief Eberts Parteifreund Philipp Scheidemann von einem Balkon des Reichstags die »deutsche Republik« aus; zwei Stunden später verkündete Karl Liebknecht von einem Balkon des Berliner Schlosses die »sozialistische Republik«. Das deutsche Kaiserreich hatte aufgehört zu existieren. Der enthronte Monarch setzte sich am Morgen des 10. November von Spa nach Holland ab.

Fazit

Die Novemberrevolution bedeutete das definitive Aus für die Monarchie in Deutschland. »Mir griff es an die Gurgel, dieses Ende des Hohenzollernhauses; so kläglich, so nebensächlich, nicht einmal Mittelpunkt der Ereignisse«, bemerkte der Kunstmäzen Harry Graf Kessler am 9. November 1918. Tatsächlich zeigte sich im fast geräuschlosen Verschwinden einer einst so stabil erscheinenden Institution, wie wenig das wilhelminischen Deutschland der extremen Belastungsprobe des Weltkriegs gewachsen gewesen war, wie sehr vor allem der Kaiser jede Autorität verspielt hatte. Nicht wenige Lobredner des alten Systems beeilten sich nun, den gestürzten Hohenzollernherrscher für alle Fehler und Versäumnisse der deutschen Politik seit Bismarcks Entlassung verantwortlich zu machen. Dabei war Wilhelm II., woran sich viele in der Stunde der Niederlage nicht mehr gern erinnerten, lange Zeit durchaus populär gewesen. Seine Welt- und Flottenpolitik wusste sich getragen von der begeisterten Zustimmung des national gesinnten Bürgertums, ja selbst in den Reihen der Sozialdemokratie war der Widerstand dagegen vor 1914 schwächer geworden. Das Schneidig-Martialische und Operettenhaft-Prahlerische, das der Monarch in seinen öffentlichen Auftritten an den Tag legte – es hatte stilbildend gewirkt und viele Nachahmer gefunden. Einen von ihnen, den Netziger Fabrikanten Diederich Heßling, hat Heinrich Mann in seinem Roman »Der Untertan« als typisches Produkt der wilhelminischen Ära vorgeführt. (Der Roman war bereits vor 1914 vollendet worden, konnte aber erst 1918, nach dem Ende des Kaiserreichs, erscheinen). Auch innerhalb der wilhelminischen Elite gab es sensible Beobachter, wie etwa den Vizeadmiral Hopmann, die ahnten, was das Scheitern des deutschen Blitzkriegskonzepts im September 1914 für die Zukunft bedeutete: »Ein dunkles Gefühl sagt mir, daß nun die Sühne kommt, auch für das Volk, das sich solchem aufs Äußere und dem Schein gerichteten Regiment willig gefügt hat...«

War der Untergang des Kaiserreichs unvermeidlich? Der junge Max Weber hatte bereits am Ende der Bismarck-Ära 1889 »den Eindruck« gewonnen, »als säße man in einem Eisenbahnzuge von großer Fahrgeschwindigkeit, wäre aber im Zweifel, ob auch die nächste Weiche richtig gestellt würde«. Mit anderen Worten: Die Gefahr des Entgleisens war angesichts der Dynamik des verspätet gegründeten kleindeutsch-großpreußischen Nationalstaats von Anfang an gegeben. Dennoch waren die Weichen nicht unwiderruflich auf Scheitern gestellt. Es gab immer wieder Möglichkeiten zur Kurskorrektur: etwa 1908, als die »Daily Telegraph«-Affäre einen Sturm der Entrüstung über das »persönliche Regiment« auslöste. Doch alle Gelegenheiten blieben ungenutzt, zum einen, weil das reformfeindliche Lager mit seinem harten Kern, den preußischen Konservativen und ihren Verbündeten in Bürokratie, Armee und kaiserlicher Hofgesellschaft, zäh die angestammten Privilegien verteidigte; zum anderen, weil die reformwilligen Kräfte im Reichstag sich bis 1917 nicht auf ein gemeinsames verfassungspolitisches Programm einigen konnten. Und auch dann fehlte der neuen Reichstagsmehrheit aus Mehrheitssozialdemokratie, Zentrum und Fortschrittlicher Volkspartei der entschiedene S.66 Wille zur Macht. Die »Parlamentarisierung« der **Verfassung** wurde von den Parteien der späteren Weimarer Koalition nicht erkämpft, sondern von der Obersten Heeresleitung unter Hindenburg und Ludendorff im Herbst 1918 im Angesicht der militärischen Niederlage angeordnet – nicht zuletzt aus der Überlegung heraus, die Verantwortung für das angerichtete Desaster auf andere abzuwälzen. Diese Gründungskonstellation sollte sich als eine der Belastungen für die Demokratie von Weimar erweisen.

Das verhängnisvollste Erbe des Kaiserreichs war indes der S.88 **Antisemitismus**, der bereits vor 1914 in alle Poren der bürgerlichen Gesellschaft eingesickert war und sich im Ersten Weltkrieg spürbar radikalisierte. Damals gewannen, wie die skandalöse »Judenzählung« 1916 zeigte, judenfeindliche Ressentiments auch Einfluss auf das Handeln der Regierung. Eine weitere Steigerung erfuhren antisemitische Tendenzen im Herbst 1918, als sich die Alldeutschen und konservativen Rechtsparteien entschlossen, die Juden als Sündenböcke für die militärische Niederlage und Drahtzieher der Revolution hinzustellen. Ende Oktober 1918 erklärte der Vorsitzende des Alldeutschen Verbands Heinrich Claß: »Ich werde vor keinem Mittel zurückschrecken und mich in dieser Hinsicht an den Ausspruch Heinrich von Kleists halten: Schlagt sie tot, das Weltgericht fragt Euch nach den Gründen nicht!« Das war keine leere Rhetorik. Unter dem Eindruck von Krieg, Niederlage und Zusammenbruch des Kaiserreichs mischten sich in den Radikalantisemitismus der Vorkriegszeit Rache- und Vernichtungswünsche. So notierte ein Marineoffizier, der Fregattenkapitän Bogislaw von Selchow, der die Revolution in Berlin erlebte, am 15. November 1918 in sein Tagebuch: »Wir kamen an allerlei Großstadtgesindel vorbei, Juden und Deserteure, das Pack, das nichts ist als die Gosse in gemeinstem Sinne des Wortes, beherrscht jetzt Deutschland. Aber für die Juden wird auch noch die Stunde schlagen, und dann wehe ihnen!« Nach 1933 sollte diese »Stunde schlagen«.

VERTIEFUNGEN

Die Verfassung

Am 14. April 1871 wurde die Verfassung des Deutschen Reichstags im Reichstag mit nur wenigen Gegenstimmen angenommen. Sie knüpfte im Wesentlichen an die Verfassung des Norddeutschen Bundes an, deren Kerngedanken von Bismarck selbst formuliert worden waren. Danach sollte der deutsche Nationalstaat auf dynastischer Grundlage, als Bund souveräner Fürsten, geschaffen werden, nicht aber auf Initiative oder gar durch entscheidende Mitwirkung des Parlaments. Oberstes Organ des Reiches war der Bundesrat, die Vertretung der 25 Bundesstaaten (einschließlich der drei reichsfreien Städte Lübeck, Bremen, Hamburg). Von seinen insgesamt 58 Stimmen (1911 kamen drei Stimmen für das »Reichsland« Elsaß-Lothringen hinzu) entfielen nur 17 auf Preußen, den bei weitem größten Bundesstaat. Theoretisch konnte Preußen damit jederzeit majorisiert werden, faktisch aber besaß es ein deutliches Übergewicht, zum einen, weil es genügend Druckmittel besaß, um die kleinen Staaten seinen Wünschen gefügig zu machen; zum anderen, weil der König von Preußen, der den Titel »Deutscher Kaiser« führte, im Kreise der Bundesfürsten nicht primus inter pares war, sondern eine deutlich herausgehobene Position einnahm. Ihm fiel das »Präsidium des Bundes« zu. Er übte als oberster Kriegsherr die Kommandogewalt über Armee und Marine aus, entschied über Krieg und Frieden, ernannte und entließ die obersten Reichsbeamten, auch den Reichskanzler.

Der Reichskanzler vereinigte das Amt des preußischen Ministerpräsidenten in Personalunion auf sich, und er hatte zugleich den Vorsitz im Bundesrat inne. Er zeichnete die zivile Angelegenheiten betreffenden kaiserlichen Anordnungen gegen und übernahm damit die Veranwortung vor dem Reichstag und der Öffentlichkeit. Aufgrund seiner langjährigen Erfahrung und seines Renommees als »Reichsgründer« besaß Bismarck eine Machtstellung, die über seine ohnehin schon bedeutenden verfassungsrechtlichen Befugnisse hinausging. Zwar war er einerseits vom Vertrauen des Monarchen abhängig, andererseits stand ihm mit der Rücktrittsdrohung ein wirkungsvolles Druckmittel zur Verfügung. »Es ist nicht leicht, unter einem solchen Kanzler Kaiser zu sein«, soll Wilhelm I. einmal geklagt haben. Nach außen stilisierte sich Bismarck gern zum treuen Vasallen seines Herrn. Der von ihm selbst immer wieder betonte Vorrang des monarchischen Prinzips begann sich jedoch nach 1888 gegen ihn zu kehren, als der junge Kaiser Wilhelm II. dieses Prinzip wörtlich nahm und sich seiner bediente, um sein »persönliches Regiment« zu errichten.

Nach der Verfassung war die Bildung verantwortlicher Reichsministerien nicht vorgesehen. Das Reichskanzleramt sollte den Geschäftsverkehr zwischen den Regierungsinstanzen kontrollieren, die eigentliche Regierungsarbeit aber weiterhin in den preußischen Fachministerien erledigt werden. Das erwies sich freilich angesichts der dem Reich rasch zuwachsenden Aufgaben als unpraktikabel. So wurden seit Mitte der 1870er Jahre »Reichsämter« geschaffen – das Auswärtige Amt, das Reichsamt des Innern, das Reichsjustizamt, das Reichsschatzamt, das Reichsmarineamt, das Reichskolonialamt –, an deren Spitze Staatssekretäre berufen wurden, die dem Reichskanzler untergeordnet waren. Die Bedeutung der Reichsämter nahm beständig zu, während die der preußischen Ministerien abnahm – mit einer Ausnahme: Ein Reichskriegsamt wurde nicht geschaffen; die Zuständigkeit für das Heer blieb beim preußischen Kriegsministerium. Die Konstruktion erklärt, warum bis 1918 offiziell nicht von einer »Reichsregierung«, sondern von der »Reichsleitung« gesprochen wurde.

Der Reichstag, die Vertretung des Volkes, kam nach einem für damalige Verhältnisse recht fortschrittlichen Wahlrecht zustande. Wählen durften alle Männer über 25 Jahre (Frauen erhielten das Wahlrecht erst nach dem Ende des Kaiserreichs). Die Legislaturperiode war zunächst auf drei Jahre festgelegt, wurde 1888 aber auf fünf Jahre ausgedehnt. Allerdings konnte der Kanzler (als Bundesratsvorsitzender) mit Zustimmung des Kaisers den Reichstag jederzeit auflösen – ein wichtiges Drohmittel, um eine widerspenstige Parlamentsmehrheit zu disziplinieren. Die Abgeordneten erhielten keine Diäten. (Erst ab 1906 wurde ihnen eine Aufwandsentschädigung gewährt). Bismarck hatte dadurch verhindern wollen, dass aus Mandatsträgern Berufspolitiker wurden. Die Folge war, dass unbemittelte Bürger gar nicht erst kandidieren konnten, es sei denn, dass sie von **Parteien** oder S. 72 **Interessenverbänden** alimentiert wurden.

Als Abgeordneter gewählt war, wer in einem Wahlkreis die absolute Mehrheit der Stimmen erhielt. Gelang dies einem Bewerber im ersten Wahlgang nicht, so kam es zu einer Stichwahl zwischen den beiden bestplazierten Kandidaten. Die Einteilung der 397 Wahlkreise blieb bis 1918 unverändert, obwohl sich infolge des Bevölkerungswachstums und der Binnenwanderungen in den Jahrzehnten nach 1871 erhebliche Verschiebungen ergaben. Begünstigt wurden dadurch vor allem die konservativen Parteien, deren Wähler auf dem Lande lebten, während vor allem die SPD, die ihre Klientel in den Großstädten und den industriellen Ballungszentren besaß, starke Nachteile in Kauf nehmen musste.

Die Verfassung wies dem Reichstag einige wichtige Aufgaben zu: Alle Reichsgesetze bedurften seiner Zustimmung. Er besaß das Budgetrecht, das heißt, er musste den jährlich fälligen Reichshaushalt bewilligen. Da die finanziellen Anforderungen an das Reich ständig stiegen, nahm das politische Gewicht des Reichstags vor 1914 zu. Die Kontrolle über den Militäretat war allerdings insofern eingeschränkt, als die Ausgaben jeweils für mehrere Jahre festgelegt wurden. Der Reichstag konnte über den Weg der Petition oder Interpellation (parlamentarische Anfage) alle Bereiche der Regierungstätigkeit zum Gegenstand öffentlicher parlamentarischer Debatten machen. Die Immunität schützte den Abgeordneten vor staatlicher Willkür.

Doch das entscheidende Recht eines demokratisch legitimierten Parlaments blieb dem Reichstag vorenthalten: Er konnte die Politik des Reichskanzlers und der Staatssekretäre der Reichsämter zwar missbilligen, sie zur politischen Verantwortzung ziehen, geschweige denn ihre Entlassung erzwingen – das konnte er nicht. Damit besaß er keine Handhabe, um die Exekutive wirksam zu kontrollieren und gestaltenden Einfluss auf die Regierungspolitik zu nehmen. Eben dies hatte Bismarck auch verhindern wollen. Der ganze Sinn des von ihm ausgeklügelten Verfassungswerks bestand darin, die monarchische Prärogative zu wahren, Preußens Hegemonie in Deutschland auf Dauer zu stellen und ein »Abgleiten« in den Parlamentarismus zu verhindern. Doch den schleichenden Bedeutungszuwachs des Reichstags konnten weder er noch seine Nachfolger unterbinden. Und damit einher ging die Forderung nach einer »Parlamentarisierung« der Reichsverfassung, das heißt der Bildung einer vom Vertrauen des Reichstags und nicht des Monarchen abhängigen Reichsregierung. Sie begleitete die gesamte Geschichte des Kaiserreichs und sollte erst in der Stunde seines Untergangs verwirklicht werden.

Insgesamt war die Reichsverfassung ein merkwürdiger Zwitter: Einerseits kam sie mit der Gewährung des allgemeinen, gleichen, direkten und geheimen Wahlrechts den demokratischen Tendenzen der Zeit weit entgegen; andererseits enthielt sie starke Sicherungen gegen die Machtansprüche des Reichstags und eine Weiterentwicklung in Richtung auf ein parlamentarisches System. Die Grundfrage – autoritäre Monarchie oder parlamentarische Regierung – ließ sie in der Schwebe, sodass man sie mit Wolfgang J. Mommsen als »ein System umgangener Entscheidungen« charakterisieren kann.

Der »Gründerkrach« 1873

»Die neueste Geschichte hat kein Jahr aufzuweisen, in welchem im Handel, der Industrie und besonders an der Börse so viel verdient wurde wie 1871. Das ganze Jahr ist eine große Hausseperiode gewesen«, bilanzierten die württembergischen Handelskammern in ihrem Jahresrückblick. Der Wirtschaftsboom der Gründerjahre, der 1867 begonnen hatte, setzte sich nach dem deutsch-französischen Krieg verstärkt fort. Einen nicht unwesentlichen Anteil daran hatten die fünf Millionen Goldfrancs, die dem besiegten Frankreich als Kriegskontribution auferlegt worden waren. Der französischen Regierung gelang es, mittels einer internationalen Anleihe sich ihrer finanziellen Verpflichtungen in kürzester Zeit zu entledigen. Bereits im September 1873 wurde die letzte Rate bezahlt.

Der größte Teil des Geldes floss direkt in den deutschen Kapitalmarkt. Die vermehrte Nachfrage nach zinsgünstigen Wertpapieren trieb die Aktienkurse in die Höhe und heizte die Spekulationslust an. Begünstigt wurde diese Entwicklung auch durch eine wirtschaftsliberale Gesetzgebung, welche die letzten Beschränkungen im Kapitalverkehr beseitigte. Im Juni 1870 wurde die Konzessionspflicht für Aktiengesellschaften aufgehoben. Aktienunternehmen schossen daraufhin wie Pilze aus dem Boden, und keineswegs alle Neugründungen, welche die Anleger mit übertriebenen Versprechungen lockten, zeichneten sich durch Solidität aus.

Die Aussicht, rasch viel Geld verdienen zu können, verführte auch die kleinen Leute, die mit der Börse bislang nichts im Sinn gehabt hatten, ihre Ersparnisse in Aktien anzulegen. »Und alle, alle flogen sie ans Licht«, bemerkte ein zeitgenössischer Bericht. »Und alle tanzten in dieser Hetzgaloppade um das angebetete goldene Kalb: der gewitzte Kapitalist und der unerfahrene Kleinbürger, der General und der Kellner, die Dame von Welt, die arme Klavierlehrerin und die Marktfrau, man spekulierte in den Portierlogen und in den Theatergarderoben, in dem Atelier des Künstlers und im stillen Heim des Gelehrten, der Droschkenkutscher auf dem Bock und ›Aujuste‹ in der Küche verfolgten mit Sachkenntnis und fieberndem Interesse das Emporschnellen der Kurse... Ein Goldregen rieselte über die trunkene Stadt.«

Doch im Frühjahr erhielt die Euphorie der Gründerjahre einen ersten Dämpfer. In zwei Aufsehen erregenden Reden prangerte der nationalliberale Politiker Eduard Lasker im preußischen Abgeordnetenhaus den »Gründungsschwindel« an. Besonders aufs Korn nahm er den preußischen »Eisenbahnkönig« Bethel Henry Strousberg, der mit seinem in kurzer Zeit angehäuften Vermögen wie kein zweiter die fiebrige Haussestimmung der Gründerjahre verkörperte. Laskers Angriffe richteten sich zugleich gegen hohe preußische Staatsbeamte, denen er vorwarf, bei der Vergabe von Eisenbahnkonzessionen bestochen worden zu sein.

Nur wenige Wochen nach Laskers sensationellen Enthüllungen trat ein, was mancher Beobachter bereits befürchtet hatte: Anfang Mai 1873 kam es an der Wiener Börse zu einem dramatischen Kurssturz. Anfang Oktober musste die Quisdorpsche Vereinsbank in Berlin, eine typische Sumpfblüte der Gründerperiode, ihre Zahlungen einstellen. Dem Zusammenbruch folgte eine Lawine von Konkursen und eine beispiellose Talfahrt der Aktienkurse. Viele Schwindelfirmen verschwanden über Nacht von der Bildfläche. Der verzückte Tanz ums goldene Kalb fand ein jähes Ende im großen Börsenkrach: »Der Boden, auf dem jahrelang diese wahnsinnigen Quadrillen getanzt worden waren, knisterte und barst in allen Fugen, das Mißtrauen wuchs zur Besinnungslosigkeit, die Börse ertrank in Verkaufsaufträgen, und plötzlich, über Nacht, wurde der deutsche Sprachschatz um ein zweites Wort bereichert, welches jäh durch die Stadt gellte..., und dieses Wort hieß ›Krach‹.«

Unzählige Existenzen waren ruiniert; viele Vermögen mit einem Schlag vernichtet. Der Schock, den die »Gründerkrise« auslöste, war gewaltig. Der besinnungslose Rausch machte einer radikalen Ernüchterung Platz. »Wir haben gleichsam die frühen Feste vorausgenommen, und die sauren Wochen der Arbeit stehen uns noch bevor«, bemerkte die liberale »National-Zeitung« in ihrem Jahresrückblick 1873, und für die sozialdemokratische »Volks-Zeitung« zeigte der Börsenkrach den »Abgrund« auf, »in welchen eine Nation hineingerät, wenn sie Freiheit des Gründertums als wirtschaftliche Errungenschaft und Milliarden ohne Arbeit als eine Quelle des Wohlstands betrachtet«.

Die Hoffnungen auf eine rasche wirtschaftliche Erholung erfüllten sich nicht. Der Börsenkrach weitete sich vielmehr in den folgenden Jahren zu einer Produktions- und Absatzkrise aus, von der nahezu alle Wirtschaftszweige erfasst wurden: »Vielleicht niemals seit dem dreißigjährigen Krieg sah man eine Krise von dieser Dauer, und was das Traurigste ist, kein Ende ist noch zu ersehen«, meldete zum Beispiel die Handelskammer Aachen in ihrem Jahresbericht 1876.

Der Sozialhistoriker Hans Rosenberg hat im Blick auf die Periode von 1873 bis 1896 von einer »Großen Depression« gesprochen. Das entsprach der Wahrnehmung der Zeitgenossen, bei denen die Schockwirkung der »Gründerkrise« noch lange nachhallte. Doch nüchtern betrachtet war das, was sich seit 1873 in Deutschland ereignete, eine unvermeidliche Abkühlung der Konjunktur nach einer Phase der Überhitzung. Bereits 1879/80 war die Talsohle der Wirtschaftsflaute durchschritten. Seitdem ging es wieder aufwärts. Viele Unternehmen waren in den Krisenjahren gezwungen worden, ihre Produktion zu rationalisieren und ihre Maschinen zu modernisieren, sodass sie nun in einer zunehmend globalisierten Wirtschaft wettbewerbsfähiger waren als vordem.

Parteien und Interessenverbände

Bereits um die Mitte der siebziger Jahre des 19. Jahrhunderts hatte sich das für das Kaiserreich typische Fünfparteiensystem, bestehend aus Konservativen, den Nationalliberalen, den Linksliberalen, dem Zentrum und den Sozialdemokraten, herausgebildet. Die Konservativen besaßen ihre Hochburgen im ostelbischen Preußen und in Mecklenburg, wo die adligen Großgrundbesitzer, unterstützt von protestantischen Pfarrern, die bäuerlichen Wähler in ihrem Sinne beeinflussen konnten. Durch das preußische Dreiklassenwahlrecht, das bis zum Ende des Kaiserreichs 1918 gültig war, konnten die Konservativen ihre Vorrangstellung im preußischen Abgeordenetenhaus mühelos behaupten. Seit den 1870er Jahren gab es zwei konservative Parteiorganisationen nebeneinander, die sich allerdings in ihrer sozialen Zusammensetzung und politischen Programmatik nicht erheblich unterschieden: die 1876 gegründete Deutsch-Konservative Partei, die sich besonders für die Interessen der Junker einsetzte, und die Freikonservative Partei (Reichspartei), die eine etwas gemäßigtere Variante des Konservatismus vertrat und neben Agrariern auch Schwerindustrielle zu ihren Mitgliedern zählte. Beide konservativen Parteien mussten bis 1914 beträchtliche Verluste in den Reichstagswahlen hinnehmen: Die Deutsch-Konservativen, die 1890 noch 12,4 Prozent der Stimmen (73 Mandate) gewonnen hatten, fielen bis 1912 auf 9,2 Prozent (43 Mandate) zurück. Der Stimmenanteil der Freikonservativen sank im gleichen Zeitraum von 6,7 Prozent (20 Mandate) auf 3 Prozent (14 Mandate).

Die Nationalliberale Partei rekrutierte ihre Anhänger vor allem aus dem Besitz- und Bildungsbürgertum, jenen Kreisen also, die Bismarcks Politik der nationalen Einigung unterstützt hatten und sich mit deren Ergebnissen am weitgehendsten identifizieren konnten. Bei den ersten Wahlen zum Reichstag am 3. März 1871 wurden die Nationalliberalen mit 32,7 Prozent der Stimmen (125 Mandate) die mit Abstand stärkste politische Kraft. Doch der Niedergang des politischen Liberalismus, der mit Bismarcks konservativer Wende in der Innenpolitik 1878/79 eingeläutet worden war, setzte sich auch nach dem Abgang des Reichsgründers fort. Bei den Reichstagswahlen 1890 erhielten die Nationalliberalen nur noch 16,3 Prozent (42 Mandate), 1912 13,6, Prozent (45 Mandate).

Nicht viel besser erging es den Linksliberalen, die seit 1871 mehrere Parteispaltungen und -fusionen erlebten. Die Deutsche Freisinnige Partei, die 1884 aus dem Zusammenschluss von Fortschrittspartei mit einer Abspaltung der Nationalliberalen Partei (Sezessionisten) hervorgegangen war und 1890 16 Prozent (66 Mandate) erreichte, brach 1893 bereits wieder auseinander. 1910 vereinigten sich drei linksliberale Gruppierungen zur Fortschrittlichen Volkspartei, die bei den Reichstagswahlen 1912 12,2 Prozent (42 Mandate) erzielte. Von den Nationalliberalen unterschied sie sich vor allem dadurch, dass sie entschiedener für eine »Parlamentarisierung« der **Verfassung** eintrat und der staatlichen Sozialpolitik aufgeschlossener gegenüberstand. S. 66

Im Unterschied zu den Konservativen und Liberalen konnte das Zentrum seinen Stimmenanteil relativ konstant halten. Im Herbst 1870 gegründet, erreichte es 1890 18,6 Prozent (106 Mandate), 1912 16,4 Prozent (91 Mandate). Die Stabilität der parlamentarischen Position verweist auf die hohe Bindekraft des katholischen Milieus, an der schon Bismarcks Repressionspolitik im »Kulturkampf« der 1870er Jahre gescheitert war. Die Wähler- und Anhängerschaft des Zentrums war sozial heterogener als die anderer Parteien. Sie umfasste Adlige und Bauern auf dem Lande ebenso wie bürgerliche Honoratioren, Kleinbürger und Arbeiter in den Städten. Sie entsprach damit am ehesten dem Profil einer Volkspartei. Das machte sie auch nach verschiedenen Seiten hin kooperations- und koalitionsfähig. Unter dem Einfluss der katholischen Soziallehre war das Zentrum offen für sozialpolitische Forderungen. Andererseits verwiesen die in der Partei stark repräsentierten agrarisch-mittelständischen Interessen eher auf ein Zusammengehen mit den Konservativen. Für einen ausgesprochenen Reformkurs im Bündnis mit der Fortschrittlichen Volkspartei und der Sozialdemokratie, wie ihn der junge Reichstagsabgeordnete Matthias Erzberger propagierte, gab es vor 1914 noch keine Mehrheit. Das sollte sich erst im Juli 1917 mit der Bildung des »Interfraktionellen Ausschusses« des Reichstags ändern.

Die SPD war im Kaiserreich noch eine ausgesprochene Klassenpartei. Ihre soziale Basis besaß sie in der Arbeiterschaft der Großstädte und Industrieregionen mit überwiegend protestantischer Bevölkerung. Mit der rapide fortschreitenden Industrialisierung stieg die Zahl ihrer potentiellen Anhänger und Wähler gewaltig an. Allerdings wurde ihre Entwicklung durch die Bismarcksche Repressionspolitik seit 1878 stark behindert. Erst nach dem Fall des Sozialistengesetzes 1890 wurde die Sozialdemokratie zu einer Massenbewegung. In den Reichstagswahlen setzte sich der kontinuierliche (nur in den »Hottentottenwahlen« von 1907 vorübergehend unterbrochene) Aufschwung fort. Der Stimmenanteil erhöhte sich von 19,7 Prozent 1890 (35 Mandate) auf 34,8 Prozent 1912. Mit 120 Abgeordneten zog die Partei als stärkste Fraktion in den Reichstag ein. Die in der Partei von Anfang an vorhandene Spannung zwischen revolutionärer Theorie und reformerischer Praxis machte sich seit der Jahrhundertwende in heftigen Richtungskämpfen Luft. Während die Revisionisten um Eduard Bernstein verlangten, die Partei auf einen konsequenten demokratisch-sozialistischen Reformkurs festzulegen, forderten die Linken um Rosa Luxemburg, das revolutionäre Programm auch für die Praxis verbindlich zu machen, das heißt den Kampf um die Eroberung der politischen Macht zu führen. Seit der Russischen Revolution von 1905 galt der politische Massenstreik als ein probates Mittel, um diesem Ziel näherzukommen.

Vor 1914 gelang es der Führung der SPD um den charismatischen Parteivorsitzenden August Bebel und den Cheftheoretiker Karl Kautsky, die Gegensätze zwischen dem reformistischen und dem radikallinken Flügel zu überbrücken und die Einheit der Partei zu wahren. Im Weltkrieg aber sollte die SPD an den Differenzen über die Unterstützung der Kriegspolitik des wilhelminsichen Staates zerbrechen.

Neben den Parteien bildete sich seit den 1870er Jahren ein Netz von Verbänden, die ihre Hauptaufgabe darin sahen, in der Öffentlichkeit für bestimmte Interessen zu werben und auf die Entscheidungen von Regierung und Verwaltung Einfluss zu nehmen. Der 1876 gegründete Centralverein Deutscher Industrieller (CDI) organisierte vor allem die Interessen der Schwerindustrie, die – ähnlich wie die Großlandwirtschaft – für einen protektionistischen Kurs in der Wirtschaftspolitik eintrat. Mit dem Übergang zum Schutzzoll 1878/79 hatte der CDI eines seiner wichtigsten Ziele erreicht. Die Dominanz der schwerindustriellen Interessen führte 1895 zur Gründung eines zweiten industriellen Spitzenverbands, des Bundes der Industrie (BdI), in dem sich vor allem Unternehmerverbände der exportorientierten Branchen zusammenschlossen. In einem der großen Landesverbände, dem Verband sächsischer Industrieller, begann der junge Syndikus Gustav Stresemann seine Karriere, die ihn 1907 als jüngsten Abgeordneten der Nationalliberalen Partei in den Reichstag führte. Der BdI vertrat in der Sozialpolitik eine deutlich gemäßigtere Linie als der CDI, und er war auch an besseren Beziehungen zur organisierten Arbeiterschaft interessiert.

Die Interessen der Agrarier vertrat der Bund der Landwirte (BdL). 1893 als Reaktion auf die Handelsvertragspolitik Caprivis gegründet, entwickelte er sich in kurzer Zeit zu einer überaus schlagkräftigen, dynamischen pressure group. Um die Jahrhundertwende zählte der BdL bereits 250 000 Mitglieder; bis 1914 erhöhte sich die Zahl auf 330 000. Die Bauern stellten zwar die überwiegende Zahl der Mitglieder, doch an den organisatorischen Schaltstellen saßen Vertreter der kleinen Schicht adliger Großgrundbesitzer, der ostelbischen Junker. Deren wichtigstes Ziel war es, die deutsche Landwirtschaft durch Zölle und Subventionen vor der billiger produzierenden ausländischen Konkurrenz zu schützen. Auf wirkungsvolle Weise verband der BdL modernste Mittel der Kommunikation mit einem trüben Gemisch aus völ-
S. 88 kischem Nationalismus und rassistischem **Antisemitismus**. Das entsprach den politischen Überzeugungen der Deutsch-Konservativen, die in ihrem Parteiprogramm von 1892 den Antisemitismus als neues Element aufgenommen hatte. Der BdL finanzierte die Wahlkampagnen der Deutsch-Konservativen und sprach bei der Auswahl ihrer Kandidaten ein gewichtiges Wort mit. Durch die geballte Macht seiner Agitation und die guten Verbindungen zur konservativen preu-

ßischen Verwaltung konnte der BdL erheblichen Einfluss auf die Gesetzgebung ausüben.

Gegen die Dominanz der Großagrarier formierte sich 1909 der Hansa-Bund für Gewerbe, Handel und Industrie, der vor allem die Interessen von Banken und mittelständischen Unternehmen repräsentierte. Wirtschaftspolitisch vertrat er Positionen, die weitgehend denen der liberalen Parteien entsprachen. Der Einfluss dieser antifeudalen Sammlungsbewegung blieb freilich begrenzt, zumal da nach dem Linksruck in den Reichstagswahlen 1912 das rechte Unternehmerlager wieder eng zusammenrückte. Im August 1913 schlossen sich CDI, BdL und der Reichsdeutsche Mittelstandsverband im sogenannten »Kartell der schaffenden Stände« zusammen. Es verband die Forderung nach »Schutz der nationalen Arbeit« mit einer harten Frontstellung gegen Sozialdemokratie und Gewerkschaften und einer ebenso entschiedenen Ablehnung jeder Liberalisierung des politischen Systems.

Um die Interessen der Arbeiter kümmerten sich vor allem die Gewerkschaften. Ihre Organisierung stand von Anfang an in engem Zusammenhang mit der sozialdemokratischen Arbeiterbewegung. Nach dem Fall des Sozialistengesetzes stieg die Mitgliederzahl sprunghaft an und erreichte mit 2,6 Millionen 1914 ihren Höhepunkt. Erst mit dem Durchbruch zur Massenbewegung begannen die Gewerkschaften aus dem Schatten der SPD herauszutreten und eine der Partei ebenbürtige Rolle zu beanspruchen. 1890 wurde die Generalkommission der Gewerkschaften unter dem Vorsitz Carl Legiens geschaffen. Das Rückgrat der gewerkschaftlichen Organisationen in Deutschland bildeten anfangs die handwerklich qualifizierten Facharbeiter in kleinen und mittelständischen Unternehmen. Der Zugang zu den Betrieben der Großindustrie blieb den Gewerkschaften bis 1914 weitgehend verschlossen. Das sollte sich erst mit dem Hilfsdienstgesetz von 1916 ändern.

Organisatorisch weit weniger bedeutsam als die Freien Gewerkschaften, die in der Tradition der sozialdemokratischen Arbeiterbewegung standen, waren der Verband der liberalen Hirsch-Dunckerschen Gewerkvereine und die Christlichen Gewerkschaften, die dem linken Flügel der Zentrumspartei nahestanden. Beide konkurrierenden Organisationen begriffen sich nicht als Klassenbewegung, sondern traten für die Idee einer Versöhnung des Interessengegensatzes zwischen Kapital und Arbeit ein. Aber auch die Freien Gewerkschaften begannen sich, obwohl von Staat und Arbeitgeber vielfältig in ihren Aktivitäten behindert, zunehmend in der bestehenden Ordnung einzurichten und die systemüberwindende Perspektive aus den Augen zu verlieren. Das führte bereits vor 1914 zu erheblichen Konflikten mit der SPD, vor allem mit deren linkem Flügel. Sie setzten sich nach Kriegsausbruch fort, als sich die Gewerkschaften freiwillig auf den »Burgfrieden« verpflichteten und alle Streiks während des Krieges untersagten. Gegen diese Politik formierte sich freilich, je länger der Krieg dauerte und sich die Lage der Arbeiterschaft verschlechterte, auch in den Gewerkschaften, vor allem im Metallarbeiterverband, eine Opposition, die sich 1917/18 in mehreren großen Streikbewegungen Luft machte.

Frauen und Frauenbewegung

Frauen waren in der Gesellschaft des Kaiserreichs keineswegs gleichberechtigt. Das Bürgerliche Gesetzbuch von 1900 räumte vielmehr dem Ehemann beträchtliche Vorrechte ein: Er war das Oberhaupt der Familie und entschied »in allen das gemeinschaftliche eheliche Leben betreffenden Angelegenheiten«, etwa bei der Erziehung der Kinder oder der Verfügung über das gemeinsame Vermögen. Er konnte seiner Frau auch untersagen, einer Erwerbstätigkeit nachzugehen, wenn dadurch die »ehelichen Interessen« verletzt würden.

Diese rechtliche Benachteiligung entsprach dem Leitbild einer bürgerlichen Familie, wie es sich in der zweiten Hälfte des 19. Jahrhunderts immer mehr durchgesetzt hatte. Der Mann ging seinem Beruf

Proletarierfamilie mit dem ersten Kind, 1914.

außerhalb des Hauses nach und fand hier Bestätigung und soziale Anerkennung; die Frau hatte den Haushalt zu führen, die Kinder aufzuziehen und es überhaupt dem Mann so angenehm wie möglich zu machen«. »Strenge Trennung des Geschäftes und seiner Rücksichten vom Familien- und häuslichen Leben mußt Du obenan auf Deine Fahnen schreiben«, diesen Rat gab der Industrielle Werner Siemens seinem Bruder auf den Weg, als dieser sich zu heiraten anschickte.

Das patriarchalische Rollenverständnis prägte nicht nur das bürgerliche Familienleben, sondern entwickelte sich auch unter Kleinbürgern und Arbeitern zur gesellschaftlichen Norm. Allerdings wurde es hier durch die harten ökonomischen Realitäten selbst dementiert. Denn entgegen der Ideologie, dass Frauen an den häuslichen Herd gehörten, war die weibliche Erwerbstätigkeit auch im Kaiserreich unverzichtbar. Die Zahl der erwerbstätigen Frauen stieg von 5,52 (1882) über 6,58 (1895) auf 9,49 Millionen (1907); ihr Anteil an der Gesamtzahl der Beschäftigten blieb mit rund 30 Prozent relativ konstant. Im gleichen Zeitraum stieg aber der Prozentsatz der weiblichen Beschäftigten in der Industrie von 11,8 auf 18,3 Prozent. (Im Weltkrieg sollte er sich dann noch einmal drastisch auf 34 Prozent erhöhen). Am größten war der Anteil junger, ungelernter Arbeiterinnen in den traditionell »weiblichen« Branchen, dem Textil- und Bekleidungsgewerbe und der Nahrungs- und Genussmittelindustrie. Dagegen kam die immer größere Zahl weiblicher Angestellter im Handel und Dienstleistungsgewerbe – Kontoristinnen, Sekretärinnen, Telefonistinnen, Verkäuferinnen – überwiegend aus dem Kleinbürgertum. Für ledige junge Frauen aus der ländlichen Unterschicht bot sich als vorübergehende Tätigkeit eine Stellung als Dienstmädchen in bürgerlichen Haushalten an. Allein in Berlin wurden um 1900 über 100 000 Dienstmädchen gezählt.

Dass die »natürliche Bestimmung des Weibes« in Ehe und Mutterschaft liege – diese Auffassung besaß quer durch alle gesellschaftlichen Schichten und Klassen noch kaum bestrittene Gültigkeit. Bür-

Vater, Mutter, Großmutter und zehn Kinder wohnen in Stube und Küche, Berlin 1907.

ger heirateten in der Regel einige Jahre später als Arbeiter, nach abgeschlossener Berufsausbildung mit Ende zwanzig, Anfang dreißig. Von ihren Frauen, die in der Regel wesentlich jünger waren, erwarteten sie, dass sie »unberührt« in den Stand der Ehe traten, während sie sich selbst die Freiheit nahmen, sich zuvor die »Hörner abzustoßen«, sprich: erste sexuelle Erfahrungen zu sammeln, zumeist mit Dienstmädchen oder Prostituierten. Die Folge dieser doppelten Moral war, dass junge bürgerliche Frauen häufig noch ganz unaufgeklärt in die Ehe stolperten und die Hochzeitsnacht als Schock erlebten.

Zwischen Arbeiterinnen und Arbeitern ging es, was die Sexualität betrifft, weniger restriktiv zu. Hatten sich Mann und Frau erst einmal fürs »Miteinandergehen« entschieden, bestand kein Grund mehr, sexuelle Bedürfnisse aufzuschieben. Meldete sich, als Folge des vorehelichen Geschlechtsverkehrs, ein Kind an, war es selbstverständlich, dass jetzt geheiratet wurde. Die beengten Wohn- und Schlafverhältnisse brachten es mit sich, dass Arbeiterkinder frühzeitig mit der Körperlichkeit und Sexualität der Erwachsenen konfrontiert wurden. Dennoch kann von einem unbefangenen Umgang mit dem Tabuthema auch in Arbeiterfamilien kaum gesprochen werden. Onanie, deren angeblich schädliche Folgen Pädagogen und Mediziner in den schrecklichsten Farben an die Wand malten, war für Arbeiterkinder nicht minder schuldbelastet als für ihr Altersgenossen im Bürgertum.

Bereits vor 1914 setzte sich vom Bürgertum bis in die Arbeiterschaft die Tendenz durch, die Zahl der Kinder durch Geburtenkontrolle zu beschränken. Ermöglicht wurde dies vor allem durch verbesserte Kenntnisse über Praktiken der Empfängnisverhütung. Ein schwunghafter Handel mit Verhütungsmitteln trug dem Rechnung. Die Kleinfamilie mit zwei bis drei Kindern wurde zum angestrebten Ideal, das allerdings nicht selten verfehlt wurde. Denn in vielen Arbeiterfamilien blieb der Coitus interruptus die häufigste, allerdings auch sehr unsichere Verhütungsmethode. So lebten gerade Arbeiterfrauen in ständiger Angst vor ungewollten Schwangerschaften; die Zahl der Abtreibungen war hier immer noch erschreckend hoch. Viele bürgerliche Frauen wiederum entwickelten subtile Techniken, sich dem sexuellen Verlangen der Männer zu entziehen, etwa indem sie sich in Migräneanfälle flüchteten oder nervöse Unpässlichkeiten vortäuschten – Akte einer stillen Rebellion, für welche wilhelminische Paschas in der Regel wenig Verständnis aufzubringen vermochten.

Um die Jahrhundertwende zeichneten sich freilich im Verhältnis der Geschlechter Veränderungen ab, in denen sich bereits die erotische Revolution der 1920er Jahre ankündigten. 1900 veröffentlichte die Schriftstellerin Elisabeth Dauthendey ein Buch mit dem programmatischen Titel »Vom neuen Weibe und seiner Liebe«. Darin warb sie für das Bild einer »neuen« Frau, die sich zu ihren sexuellen

Bedürfnissen bekennt und sich frei für oder gegen ihre Liebhaber entscheidet. Es gab bereits einige Frauen, etwa im Kreis der Schwabinger Bohème um Franziska von Reventlow, die diesem Ideal nachzueifern bestrebt waren; dennoch waren die Befürworterinnen der »freien Liebe« in der von Männern dominierten wilhelminischen Ära noch eine kleine exotische Minderheit. Immerhin strahlten ihre Ideen aber schon in die Gesellschaft hinein und bewirkten eine Veränderung von Alltagsgewohnheiten. Weite, luftige Gewänder, die den weiblichen Körper nicht mehr in Korsetts einzwängten, kamen in Mode. Mutige Damen wagten sich auf ein aufregend neues Verkehrsmittel – das Fahrrad. »Das Bycicle hat zur Emanzipation der Frauen aus der höheren Gesellschaftsschicht mehr beigetragen als alle Bestrebungen der Frauenbewegung zusammengenommen«, bemerkte eine Frauenrechtlerin 1905.

Das war ein ungerechtes Urteil. Die Frauenbewegung, die sich in den 1880er Jahren unter der Führung der Alt-48erin Louise Otto-Peters zu formieren begann, hatte sich von Anfang an zum Ziel gesetzt, die Bildungschancen von Frauen zu verbessern und ihre politischen Mitwirkungsmöglichkeiten zu erweitern. Zum Mittelpunkt der bürgerlichen Frauenbewegung wurde der 1894 gegründete Bund Deutscher Frauenvereine (BDF), eine Dachorganisation verschiedener Verbände, die vor 1914 250 000 Mitglieder zählte. Im Gegensatz zur Mehrheit trat eine Gruppe um Anita Augspurg, Lida Heymann, Minna Cauer und Helene Stöcker entschieden für das Frauenwahlrecht ein und gründete zu diesem Zweck 1902 den »Verein für Frauenwahlrecht«. In diesem Ziel trafen sie sich mit der sozialdemokratischen Frauenbewegung, die in Clara Zetkin, die Redakteurin der Frauenzeitschrift »Die Gleicheit«, ihre profilierteste Sprecherin fand. Bis zum Ende des Kaiserreichs blieb den Kämpferinnen für das Frauenwahlrecht der Durchbruch versagt. Immerhin wurde mit dem Reichsvereinsgesetz von 1908 Frauen erstmals gestattet, sich in politischen Vereinen und Parteien zu organisieren. Damit war zwar das männliche

Politikmonopol durchbrochen, doch faktisch galt politisches Engagement weiterhin aus ausgesprochene Männersache. Frauen würden im politischen Kampf den »charakteristischen Reiz der Weiblichkeit« verlieren, ohne doch »mit der Arbeit des Mannes wetteifern zu können«, meinte etwa der nationalliberale Historiker Heinrich von Sybel – ein Satz, dem wohl auch viele Sozialdemokraten hätten zustimmen können. Die vom Parteiführer August Bebel in seinem Bestseller »Die Frau und der Sozialismus« entworfene großartige Vision einer gemeinsamen Emanzipation von Mann und Frau war das eine, die tatsächliche Rollenverteilung in sozialdemokratischen Familien das andere.

Erste Erfolge erzielte die Frauenbewegung mit ihrer Forderung nach gleichberechtigtem Zugang von Mädchen und Frauen zu Schulen und Hochschulen. Im Jahr 1899 hob Baden das Immatrikulationsverbot für Frauen auf. Eine Reihe anderer Staaten zog nach, schließlich, 1908, auch Preußen. Bei Beginn des Ersten Weltkriegs studierten an deutschen Universitäten 4056 Frauen, was einem Anteil von 6,7 Prozent aller Studierenden entsprach. Allerdings war mit der Zulassung zu den Hochschulen die Diskriminierung noch nicht beendet. Viele Professoren machten aus ihrer Ablehnung des Frauenstudiums keinen Hehl und begegneten den Studentinnen mit deutlichen Vorbehalten. Und auch nach Abschluss des Studiums blieb Frauen der Zutritt zu vielen akademischen Berufen versagt.

Militarismus

In seiner 1907 erschienenen Schrift »Militarismus und Antimilitarismus« beschrieb Karl Liebknecht, einer der Wortführer der Linken in der deutschen Sozialdemokratie, den Wilhelminismus als ein »System der Durchtränkung unseres ganzen öffentlichen und privaten Volkslebens mit militaristischem Geiste«. Ein Jahr zuvor, im Oktober 1906, hatte sich nahe von Berlin ein Vorfall ereignet, der diese These zu belegen schien: Der Schustergeselle Wilhelm Vogt hatte, als Hauptmann verkleidet, eine Abteilung Soldaten nach dem Köpenicker Rathaus dirigiert, dort den Bürgermeister verhaften lassen und sich anschließend mit der Stadtkasse aus dem Staube gemacht. Diese Affäre, die für großes Aufsehen sorgte und den Witzblättern Stoff für zahlreiche Karikaturen bot, zeigte, welches Ausmaß Uniformgläubigkeit und Militärfrömmigkeit im wilhelminischen Deutschland mittlerweile angenommen hatten. Die liberale »Frankfurter Zeitung« kommentierte: »Das ganze System der militärischen Disziplin und der soldatischen Erziehung kann nicht grausamer ironisiert werden als durch diesen Pseudo-Hauptmann, der auch den Offizieren bewiesen hat, wie wenig die gesellschaftliche Vornehmheit zu bedeuten hat, wie leicht die ganzen Allüren einschließlich des Kommandotons nachzuahmen sind.«

Militärische Wertvorstellungen und Leitbilder hatten sich in der Gesellschaft ausgebreitet und prägten das Verhalten bis in die Alltagsgewohnheiten hinein. Ein forscher Kasinoton und schneidiges Auftreten waren auch unter Zivilisten selbstverständlich. Bereits die Kinder wuchsen in einer militarisierten Umgebung auf. Kriegsspiele waren äußerst beliebt. In kaum einem Kinderzimmer fehlte ein Satz Bleisoldaten, und ebenso gehörte der Matrosenanzug zur unverzichtbaren Grundausstattung. Die Bekanntschaft mit militärischen Denk- und Verhaltensmustern setzte sich in der Schule fort. Viele Lehrer verstanden sich weniger als einfühlsame Pädagogen denn als unerbittliche Drillmeister, die mangelndes didaktisches Geschick durch reichliche Verwendung des Rohrstockes auszugleichen suchten. So glich das Schulleben vielerorts einem zackigen Paukbetrieb, der wenig Raum ließ für Kreativität und Spontaneität. Entsprechend vorbereitet traten junge Männer zwischen dem 20. und 22. Lebensjahr ihren dreijährigen, seit 1893 zweijährigen Militärdienst an. Viele Rekruten erlebten den Übergang vom Zivilleben in die Kaserne als eine lebensgeschichtliche Zäsur. Die wilhelminische Armee galt als eine »Schule der Männlichkeit«, und stillschweigend ging man davon aus, dass die Militärzeit den »Jüngling« endgültig zum »Manne« formen würde. Oberstes Ziel war neben der »körperlichen Ertüchtigung« die Einübung von Disziplin und Gehorsam, und wichtigstes Mittel, dieses Ziel zu erreichen, war das Exerzieren, das den größten Teil der Militärdienstzeit ausfüllte. Jedes individuell abweichende Verhalten sollte den Rekruten ausgetrieben werden; wer sich widersetzte, bekam die Schikanen von Vorgesetzten und nicht selten auch der »Kameraden« zu spüren. Soldatenmisshandlungen waren in der wilhelminischen Armee offenbar an der Tagesordnung, und sie wurden zum Gegenstand einer wachsenden Kritik an den »Auswüchsen des Militarismus«.

Bürgersöhne mit höherer Schulbildung konnten ihre Militärdienstzeit auf ein Jahr verkürzen; allerdings mussten sie für Ausrüstung und Unterhalt selbst aufkommen. Im Anschluss daran konnte ein »Einjährig-Freiwilliger« das Reserveoffizierspatent erwerben, das ihn am hohen Sozialprestige des preußischen Offizierskorps partizipieren ließ. »Der preußische Leutnant ging als junger Gott, der bürgerliche Reserveleutnant wenigstens als Halbgott durch die Welt«, so hat der Historiker Friedrich Meinecke rückblickend bemerkt. Der Monokel tragende preußische Leutnant, der in schnarrendem Tonfall seine Verachtung für alles Zivile zum Ausdruck bringt, wurde zum Sinnbild für den Militarismus der Kaiserzeit; er bot der satirischen Kritik einen unerschöpflichen Stoff für ihre Spottlust. Mag man auch darüber streiten, was an diesem Bilde Karikatur und was Realität war – unstrittig ist, dass die Institution des Reserveoffiziers ein wichtiges Bindeglied zwischen Militär und bürgerlicher Gesellschaft darstellte und dazu beitrug, militärische Werte und Verhaltensmuster populär zu machen.

Noch stärker wirkten hier die Kriegervereine, die nach 1871 vielerorts gegründet wurden, um die Erinnerung an die Einigungskriege wachzuhalten. Ursprünglich gehörten ihnen nur Veteranen an; bald aber öffneten sie sich auch für Nicht-Kriegsteilnehmer. Der Zulauf übertraf alle Erwartungen. 1913 zählte der Kyffhäuserbund, der Dachverband, fast 32000 Vereine mit über 2,8 Millionen Mitgliedern. Die meisten kamen aus dem Kleinbürgertum, doch waren auch Arbeiter überraschend stark vertreten. Die Führungspositionen wurden aber in der Regel von den lokalen bürgerlichen Honoratioren besetzt. Kriegervereine warteten bei patriotischen Festen, etwa dem Sedantag am 2. September oder Kaiserparaden, mit Umzügen auf. Sie besaßen, insbesondere in ländlichen Gemeinden und Kleinstädten, darüber hinaus auch eine gesellige Funktion. Die Militärbegeisterung, wie sie hier gepflegt wurde, lässt sich vielleicht am besten mit dem Begriff des »Folkloremilitarismus« charakterisieren. Er war Teil einer populären Kultur, deren Attraktivität weit ausstrahlte in alle Bereiche der wilhelminischen Gesellschaft.

Demgegenüber hatten es die Vertreter des Pazifismus schwer, sich Gehör zu verschaffen. Immerhin: der Erfolg, den die Vorkämpferin der Friedensbewegung, Bertha von Suttner, 1889 mit ihrem Buch »Die Waffen nieder!« erzielte, ermutigte den jungen Verlagsbuchhändler Alfred Hermann Fried, 1892 in Berlin eine Deutsche Friedensgesellschaft (DFG) ins Leben zu rufen. Seit 1899 war Fried auch Herausgeber einer pazifistischen Monatszeitschrift, der »Friedens-Warte«. Der Einfluss des organisierten Pazifismus blieb freilich gering; bis 1914 brachte es die DFG gerade auf 10000 Mitglieder – verglichen mit den Millionen Mitgliedern in den Kriegervereinen eine verschwindend geringe Zahl.

Pazifisten waren im Kaiserreich, ähnlich wie die Sozialdemokraten, gesellschaftlich geächtet. Sich öffentlich für die Friedensbewegung zu betätigen, konnte sich nur jemand erlauben, der finanziell unabhängig war, etwa der Historiker Ludwig Quidde, der als vermögender Privatgelehrter in München lebte. Quidde veröffentlichte im Frühjahr 1893 seine Anklageschrift »Der Militarismus im heutigen deutschen Reich« – die scharfsinnigste Abrechnung mit dem überragenden Einfluss des Militärs im wilhelminischen Deutschland. 1907 organisierte er den ersten pazifistischen Weltkongress in München. Er war der einzige deutsche Vertreter im Internationalen Friedensbüro in Bern, wobei er sich besonders für die deutsch-französische Aussöhnung einsetzte. Im Frühjahr 1914 wurde er zum Vorsitzender der DFG gewählt – wenige Monate vor Beginn des Ersten Weltkriegs, vor dem die Pazifisten immer gewarnt hatten.

In ihrer öffentlichen Rhetorik hatte auch die deutsche Sozialdemokratie immer wieder das Wettrüsten angeprangert, doch war ihr Verhältnis zur preußisch-deutschen Armee viel ambivalenter, als es die antimilitaristischen Verlautbarungen vermuten lassen. Für nicht wenige sozialdemokratische Parteimitglieder war die Erinnerung an ihre Militärzeit, ungeachtet des damit verbundenen Verlustes an individueller Freiheit, positiv besetzt, weil sie hier der Monotonie der Fabrikarbeit entfliehen und neue Erfahrungen in einer anderen Umgebung sammeln konnten. Der evangelische Pfarrer Paul Göhre, der 1891 für drei Monate incognito in einer Chemnitzer Maschinenfabrik arbeitete, um die Lebenswelt der Arbeiter kennen zu lernen, bemerkte: »Auch in der Fabrik dachte ein jeder gern an seine Dienstzeit zurück. Wenn wir zusammenstanden und das Gespräch durch irgendetwas darauf kam, fing man bald Feuer dafür. Dann erzählte man mit Genugtuung von den Strapazen des Dienstes, den heißen Sommertagen auf den Exerzierplätzen und den kalten Winternächten auf Posten. Und mancher war auf sein Regiment besonders stolz.« Der wilhelminische Militarismus hatte, vermittelt über Volksschule und Armee, auch in der Mentalität der sozialdemokratischen Arbeiterbewegung seine Spuren hinterlassen. Anders wäre auch nicht verständlich, warum die SPD 1914 so rasch ins Lager der Kriegsbefürworter überwechseln konnte.

Antisemitismus

Die siebziger Jahre des 19. Jahrhunderts markierten nicht nur das Ende der liberalen Reichsgründungsära; sie waren zugleich die Geburtsstunde eines in Qualität und Intensität neuartigen Antisemitismus. Auslöser war der **»Gründerkrach«** von 1873, der viele Existenzen in den Ruin getrieben hatte. Bei der Suche nach Schuldigen verfiel man auf die Juden, die als »Handlanger des internationalen Finanzkapitals« verdächtigt wurden. Sie wurden zu Sündenböcken gemacht für alle schmerzhaften Folgen, die mit dem beschleunigten ökonomischen und gesellschaftlichen Modernisierungsprozess verbunden waren. In der vielgelesenen Familienzeitschrift »Die Gartenlaube« schrieb der Berliner Publizist Otto Glagau 1874: »Nicht länger dürfen wir dulden, daß die Juden sich überall in den Vordergrund und an die Spitze drängen, überall die Führung, das große Wort an sich reißen. Sie schieben uns Christen stets zur Seite, sie drücken uns an die Wand, sie benehmen uns die Luft und den Atem.« S.69

Von der älteren, religiös motivierten Judenfeindschaft unterschied sich der »moderne« Antisemitismus dadurch, dass er der jüdischen Minderheit bestimmte als unveränderbar geltende »Rasseneigenschaften« zuschrieb, die sie als »Fremdkörper« und damit als Bedrohung der gerade geeinten deutschen Nation erscheinen ließen. Die Juden seien und blieben »ein Volk im Volke, ein Staat im Staat, ein Stamm für sich unter einer fremden Rasse«, erklärte der Berliner Hofprediger Adolf Stoecker 1879. Mit seinen antisemitischen Tiraden fand Stoecker viel Resonanz bei den Modernisierungsverlierern, vor allem bei Handwerkern und Kleinhändlern. »Wenn er Jude sagt, darf der Gläubige nichts hinzufügen als höchstens ›wird verbrannt!‹«, bemerkte der Schriftsteller Heinrich Hart über eine Versammlung mit Stoecker im September 1883.

Noch unheilvoller war die Wirkung Heinrich von Treitschkes, des einflussreichsten Historikers des Kaiserreichs. In den von ihm herausgegebenen »Preußischen Jahrbüchern« pries er im November 1879 »die leidenschaftliche Bewegung gegen das Judentum«, und er prägte jenen furchtbaren Satz, der zum Schlachtruf aller Antisemiten in Deutschland werden sollte: »Bis in die Kreise der höchsten Bildung hinauf... ertönt es heute wie aus einem Munde: die Juden sind unser Unglück.« Treitschke stieß bei den meisten seiner Berliner Kollegen, allen voran Theodor Mommsen, auf heftigen Widerspruch, bei der Masse der Studenten fand er jedoch aufgeschlossene Hörer. Insofern hatte er entscheidenden Anteil daran, den Antisemitismus im deutschen Bildungsbürgertum gesellschaftsfähig zu machen.

Neben Stoeckers Christlich-Sozialer Partei gab es seit Ende der 1870er Jahre noch eine Reihe weiterer antisemitischer Organisationen. Zu ihren wichtigsten Programmpunkten zählten die Zurücknahme der Judenemanzipation, also der rechtlichen Gleichstellung der Juden, das Verbot jeder Zuwanderung von Juden aus Osteuropa sowie die Beschränkung des Zugangs zu bestimmten Berufen, in denen Juden angeblich überrepräsentiert waren. Auf der parlamentarischen Ebene spielten die Antisemitenparteien seit der Jahrhundertwende kaum noch eine Rolle. Doch mit ihrer demagogischen Agitation hielten sie die sogenannte »Judenfrage« ständig in der öffentlichen Diskussion. Wirksame Unterstützung bekamen sie durch die studentischen Verbindungen, in denen der Antisemitismus längst zur sozialen Norm gehörte, durch den Bund der Landwirte, den mächtigen agrarischen Interessenverband, und durch Agitationsvereine wie den Alldeutschen Verband. In seinem 1912 unter Pseudonym veröffentlichten Buch »Wenn ich der Kaiser wär'« forderte der Verbandsvorsitzende, Justizrat Heinrich Claß, den Juden das Wahlrecht zu entziehen und sie unter »Fremdenrecht« zu stellen. Dieses wüste Pamphlet fand bis 1914 fünf Auflagen – ein Beweis, wie verbreitet antisemitische Ressentiments inzwischen waren.

Die rechtliche Gleichstellung der Juden war vor 1914 zwar nicht gefährdet, doch kam es zu zahlreichen Fällen von Diskriminierung. Walther Rathenau sprach 1911 von dem »schmerzlichen Augenblick«, den jeder deutsche Jude einmal erlebt habe und an den er sich zeitlebens erinnere: »wenn ihm zum ersten Male bewußt wird, daß er als Bürger zweiter Klasse in die Welt getreten ist, und daß kein Verdienst ihn aus dieser Lage befreien kann.« Besonders deutlich zeigte sich die Zurücksetzung im Offizierskorps. Es gab im kaiserlichen Deutschland nicht einen einzigen jüdischen Berufsoffizier, und auch das Reserveoffziers-Patent war in Preußen für Juden unerreichbar.

Ein offener oder latenter Antisemitismus zeigte sich vor allem im alltäglichen Umgang mit Juden. Auf Postkarten, in Karikaturen und Spottversen wurde das Bild der Juden durch Hervorhebung bestimmter Merkmale, etwa der krummen Nase, böswillig verzeichnet. Jüdische Familiennamen wie Cohn oder Itzig wurden verhöhnt. »Der Name Itzig weckt unwillkürlich in jedem Menschen die Vorstellung von etwas Widerwärtigem«, begründeten zwei jüdische Frauen 1906 ihren Antrag, einen anderen Namen annehmen zu dürfen.

Besonders widerwärtige Züge trug der Bäder-Antisemitismus, der sich vor dem Ersten Weltkrieg wie eine Epidemie ausbreitete. Ein Borkum-Führer von 1897 pries als »besonderen Vorzug« der Insel, dass sie »judenrein« sei. Auf Schildern war zu lesen: »Juden und Hunde dürfen hier nicht herein!« In Hotels hing ein »Fahrplan zwischen Borkum und Jerusalem« («Retourkarten werden nicht ausgegeben.«) Und täglich intonierte die Kurkapelle das »Borkum-Lied«: »Doch wer dir naht mit platten Füßen,/ mit Nasen krumm und Haaren kraus,/ der soll nicht deinen Strand genießen,/ der muß hinaus! Der muß hinaus hinaus! Hinaus!« In einem so gearteten antisemitischen Klima fanden Ritualmordgerüchte gläubige Ohren. (Danach schlachteten Juden jedes Jahr vor dem Pessahfest Christenkinder, um mit deren Blut ungesäuertes Brot zu backen). In Konitz, einer Kleinstadt in Westpreußen, kam es nach einem unaufgeklärten Mord an einen Gymnasiasten im März 1900 zu pogromartigen Ausschreitungen gegen die dort ansässigen Juden, in deren Verlauf auch die örtliche Synagoge verwüstet wurde – ein Menetekel dessen, was sich nur vier Jahrzehnte später in ganz Deutschland ereignen sollte.

Allerdings gab es auch Gegenkräfte. 1890 riefen linksliberale Gelehrte und Politiker einen Verein zur Abwehr des Antisemitismus ins

Leben. 1893 folgte die Gründung des Zentralvereins deutscher Staatsbürger jüdischen Glaubens, der sich zur größten jüdischen Interessenvertretung im Kaiserreich entwickelte. Beide Organisationen wandten sich gegen die antisemitische Agitation und traten für die vollkommene Gleichstellung der Juden in Deutschland ein. Auch die Sozialdemokratie bezog scharf gegen den Antisemitismus Stellung. Und diese Aufklärungsarbeit blieb nicht ohne Wirkung auf die eigene Anhängerschaft. Zwar gibt es Anhaltspunkte dafür, dass auch sozialdemokratische Arbeiter nicht völlig immun waren gegen antisemitische Vorurteile, aber insgesamt waren sie doch weniger empfänglich dafür als das wilhelminische Bürgertum und Kleinbürgertum.

Im August 1914 meldeten sich viele deutsche Juden freiwillig zur Front, in der Hoffnung, durch diese Demonstration ihrer »nationalen Zuverlässigkeit« endlich vorbehaltlos akzeptiert zu werden. Doch die Hoffnung trog. Seit Herbst 1914 machten sich wieder verstärkt antisemitische Ressentiments geltend, und sie radikalisierten sich in dem Maße, wie die sozialen Spannungen im Laufe des Krieges wuchsen. Die Alldeutschen und ihre Gesinnungsfreunde im rechtskonservativen Kriegsziellager nutzten die Situation, um die durch die Nöte des Kriegsalltags entstandene Missstimmung auf die seit je verfemte Minderheit zu lenken. Seit Ende 1915 wurden die Behörden mit Beschwerden über abgebliche jüdische »Drückeberger« und »Kriegsgewinnler« überschwemmt. Daraufhin ordnete das preußische Kriegsministerium im Oktober 1916 eine statistische Erhebung über die Dienstverhältnisse der deutschen Juden im Kriege an. Diese so genannte »Judenzählung«, die einem durch nichts gerechtfertigten Verdacht der Antisemiten folgte, war eine administrative Ungeheuerlichkeit. Die deutschen Juden mussten sich einer »Sonderbehandlung« unterziehen, und dies zu einem Zeitpunkt, wo viele von ihnen bereits ihr Leben für das Vaterland geopfert hatten. »Das nach zwei Jahren großer Zeit und völliger Hingabe an unsere Heimat! Mir ist, als hätte ich eben eine furchtbare Ohrfeige erhalten«, notierte ein jüdischer Kriegsteilnehmer im Oktober 1916. Im Herbst 1918, als sich die militärische Niederlage abzeichnete, verschärfte sich die antisemitische Hetze. Die Kampagne gegen »Drückeberger« und »Kriegsgewinnler« verband sich jetzt mit dem bösartigen Vorwurf, das deutsche Heer sei durch die »Wühlarbeit« von Juden und Linken um die Früchte seines Sieges geprellt worden. Die »Dolchstoßlegende« sollte zur giftigsten Waffe der politischen Rechten werden; die Leidtragenden waren vor allem die deutschen Juden.

Nervöse Zeiten

Im Jahr 1896 zeigte sich der nationalliberale Historiker Max Lenz merkwürdig berührt durch die allenthalben grassierende Fin-de-siècle-Stimmung. »Wenn zum Glück vor allem Zufriedenheit und Behagen gehören, so haben alle Reichtümer und Rechte es nicht herbeibringen können; sie haben uns nur den alten Frieden genommen und machen uns täglich nervöser.«

Diesen Eindruck teilte der Historiker mit Künstlern, Schriftstellern und vielen anderen Zeitgenossen. Nervosität war das Grundgefühl der Epoche. Wer um die Jahrhundertwende zum ersten Mal nach Berlin kam, der war durch die ungewohnte Hektik des großstädtischen Verkehrs geradezu geschockt: »Das Getriebe in den Hauptverkehrsstraßen wie Leipziger- und Friedrichstraße ist förmlich betäubend; die elektrischen Wagen aller Art, Droschken, Drei- und Zweiräder zu Hunderten fahren neben-, vor-, hinter- und oft aufeinander, das Läuten aller dieser Vehikel, das Rasseln der Räder ist ohrenzerreißend, der Übergang der Straßen ein Kunststück für den Großstädter, eine Pein für den Provinzler.«

An die Stelle von Pferdedroschke und -omnibus trat die »Kraftdroschke« und die Elektrische Eisenbahn. Hinzu kam die Stadtbahn und der Bau eines U-Bahn-Netzes. »Wir leben in einer schnellebigen

Zeit«, bemerkte der Theaterkritiker Alfred Kerr 1897 über »die alles nivellierende Ära der Elektrizität«. Tatsächlich galt der Grad der Elektrifizierung als Ausweis von Modernität, und Berlin wetteiferte hierin mit anderen europäischen Metropolen. Festlich illuminiert auch bei Nacht waren die Schaufenster der großen Warenhäuser – Wertheim, Tietz und Karstadt –, die neuen Konsumtempel, die mit breitem Sortiment und niedrigen Preisen die Kundschaft lockten. Der Berliner Flaneur Franz Hessel rühmte die Berliner Kaufhäuser als »übersichtliche Schauplätze großer Organisation«. »Sie verwöhnen die Besucher durch das hohe Niveau ihres Komforts.«

Die modernen Verkehrsmittel und Konsumgewohnheiten veränderten den Lebensrhythmus. Eine neue Zeitökonomie ergriff Besitz von allen Bereichen des Alltags. »Tempo« wurde zum Schlüsselwort. »Das Tempo Berlins beschleunigt sich ständig, mit ihm aber auch die Ungeduld und Nervosität des Berliners«, hieß es in einem Rückblick auf das Berlin der Jahrhundertwende. Jules Huret, ein französischer Journalist in Berlin, beobachtete 1907: »Heute reißt die geschäftliche Unrast alles in ihrem Wirbel mit sich, jeder empfindet die Notwendigkeit, rasch zu gehen. Wer stecken bleibt, dem ist nicht zu helfen.«

Die Erfahrung der Bescheunigung wurde durch die Revolution der Kommunikationsmittel noch verstärkt. Um 1900 war das Telefon bereits in vielen Behörden und Haushalten eingeführt. Durch die drahtlose Telegrafie konnten Meldungen aus allen Teilen der Welt in kürzester Zeit über die Nachrichtenagenturen in die Redaktionen gelangen. Mit Hilfe neuer Drucktechniken konnten Zeitungen nicht nur schneller, sondern auch in Massenauflagen hergestellt werden. Die drei großen Berliner Zeitungsverlage – Mosse, Scherl und Ullstein – wetteiferten darin, im Rennen um neue Abonnenten und Käufer die Nase vorn zu haben. Die 1904 von Ullstein gegründete »B.Z. am Mittag« schlug, was Schnelligkeit anging, alle Rekorde: Von der Bekanntgabe der letzten Börsenmeldung bis zur Verbreitung der ersten Exemplare innerhalb Berlins vergingen nur 8 Minuten.

Pferdebahnen in der Leipziger Straße in Berlin, 1897.

In die beiden Jahrzehnte vor 1914 fielen auch die Pionierjahre des Films. Im November 1895 präsentierten die Brüder Max und Emil Skladanowsky mit ihrem »Bioscop«, einem Doppelbildprojektor, erstmals bewegte Bilder. Zehn Jahre später war aus der Varieté-Nummer bereits eine Industrie geworden, zogen »Lichtspielhäuser« ein wachsendes Publikum an. Wie kein anderes Medium populärer Unterhaltung spiegelte der frühe Stummfilm mit seiner flirrenden Bilderfolge die nervöse Unruhe der Zeit.

Um die Jahrhundertwende häuften sich die Klagen über eine Zunahme von Nervenleiden, vor allem unter der großstädtischen Bevölkerung. »Neurasthenie« – der vom New Yorker Nervenarzt George M. Beard (1839–1883) geprägte Begriff – machte im Kaiserreich Karriere. »Raste nie, doch haste nie, sonst haste die Neurasthenie«, dichtete der damals populäre Schriftsteller Otto Erich Hartleben. Tatsächlich brachten der beschleunigte technisch-industrielle Wandel, die Revolution der Verkehrs- und Kommunikationsmittel, die Entstehung einer modernen Massenkultur nicht nur Erleichterungen und Attraktionen, sondern auch neue Anforderungen und Belastungen mit sich, die die Nerven angriffen und die Gemüter reizten. Joachim Radkau hat in seinem Buch »Das Zeitalter der Nervosität« (1998) gezeigt, dass das Reden über die Modekrankheit Neurasthenie auch »ein halbverdeckter Diskurs über die Sexualität« war, die im wilhelminischen Deutschland mit starken Tabus belastet war.

In der nervösen Reizbarkeit liegt vermutlich auch der Schlüssel zur Erklärung für jenes eigentümliche Nebeneinander von Fortschrittsoptimismus und Zukunftsangst, von Technikeuphorie und Endzeitstimmung, wie es für die kollektive Befindlichkeit der Wilhelminer charakteristisch war. Als die »Titanic«, dieses Wunderwerk moderner Technik, im April 1912, vibrierend im Geschwindigkeitsrausch, einen Eisberg rammte und in den Fluten des Atlantiks versank, da wurde diese Katastrophe von vielen Menschen auch im Kaiserreich als Menetekel wahrgenommen.

Am deutlichsten wurde das weitverbreitete Gefühl, am Vorabend einer Zeitenwende zu stehen, von der jungen expressionistischen Künstlergeneration zum Ausdruck gebracht, die in Malerei und Literatur in den Jahren vor 1914 auf sich aufmerksam machte. Wie kein anderer hat der Lyriker Georg Heym, der im Juni 1912 beim Eislaufen auf der Havel ertrank, in seinem Gedicht »Der Krieg« (1911) die kommende Apokalypse angekündigt: »Aufgestanden ist er, welcher lange schlief,/ Aufgestanden unten aus Gewölben tief./ In der Dämmrung steht er, groß und unbekannt,/ Und den Mond zerdrückt er in der schwarzen Hand.«

Der Hererokrieg

Am 12. Januar 1904 erhoben sich die Herero, ein Stamm in Deutsch-Südwestafrika, unter Führung ihres Häuptlings Samuel Maharero gegen die deutsche Kolonialherrschaft. Sie überfielen Farmen, zerstörten die wichtige Eisenbahnlinie zwischen dem Hafen von Swakopmund und der Hauptstadt Windhuk und unterbrachen die Telegrafenverbindungen. Trotz mancher Vorwarnungen kam der Aufstand für die deutsche Kolonialverwaltung vollkommen überraschend. Zwar hatte es, seit die deutsche Regierung sich Anfang der 1890er Jahre entschlossen hatte, das 1884 erworbene »Schutzgebiet« zur deutschen Kolonie auszubauen, immer wieder kleine Erhebungen gegeben. Doch war es dem deutschen Gouverneur, Major Theodor Leutwein, insgesamt gelungen, die Rivalitäten zwischen den Stämmen zu schüren und die Häuptlinge gegeneinander auszuspielen. Diesmal aber versagte die Taktik des divide et impera.

Es war nicht nur der Verlust immer größerer Teile ihres Landes, darunter gerade der besten Weideflächen, der die Herero zum Aufstand trieb. Noch mehr erbitterte sie die Behandlung, die sie durch die deutschen Kolonialherren erfuhren. Für die meisten weißen Siedler waren die »Neger« Menschen zweiter Klasse, primitive, faule, triebhafte Wesen, denen man die Maßstäbe europäischer »Gesittung« und »Arbeitsmoral« buchstäblich einbläuen musste. Prügelstrafen aus geringfügigen Anlässen waren an der Tagesordnung; Morde an Schwarzen wurde gar nicht oder nur geringfügig bestraft. »Der Missionar sagt, daß wir Gottes Kinder sind wie die weißen Brüder, aber seht uns doch an. Wie Hunde, Sklaven, schlechter als die Paviane auf dem Felsen behandelt ihr uns«, klage ein Herero.

In den ersten Wochen des Aufstands hatten die Herero-Krieger die Oberhand. Sie töteten über 100 Siedler, rührten allerdings das Leben der Missionare nicht an, auch Frauen und Kinder blieben verschont. Dennoch gelangten bald Berichte in die deutsche Presse, in denen von der barbarischen »Abschlachtung weißer Frauen« die Rede war. Auf diese Weise sollte der Hass gegen die Herero geschürt und Stimmung für die Bewilligung zusätzlicher Militärausgaben gemacht werden. Die jungen deutschen Soldaten, die sich zu Tausenden freiwillig für den Einsatz in der Kolonie meldeten, betraten den afrikanischen Boden mit dem festen Willen, wie Gustav Frenssen seinen Helden in »Peter Mooors Fahrt nach Südwest« sagen lässt, »an einem wilden Heidenvolk vergossenes deutschen Blut zu rächen«. Entsetzt über die Progromstimmung schrieb ein Missionar im Februar 1904: »Die Deutschen sind erfüllt von einem furchtbaren Haß und schrecklichem Rachedurst, ja ich möchte sagen: Blutdurst gegen die Herero. Man hört in dieser Beziehung nichts als ›aufräumen, aufhängen, niederknallen bis auf den letzten Mann, kein Pardon‹ etc. Mir graut, wenn ich an die nächsten Monate denke.«

Für Wilhelm II. und die Kolonialexperten des Auswärtigen Amtes in Berlin war klar: Jetzt musste rücksichtslos durchgegriffen werden. Major Leutwein galt ihnen in seiner Kriegführung als zu lasch; deshalb übertrug der Kaiser Anfang Mai den Oberbefehl über die Schutztruppe in Südwestafrika auf Generalleutnant Lothar von Trotha, einen Haudegen, der sich bereits bei der Niederschlagung des Boxeraufstands in China 1900 übel hervorgetan hatte. Am 11. Juni 1904 landete Trotha in Swakopmund und machte sich sogleich ans Werk. Die Hauptmasse der Herero-Krieger hatte sich zu diesem Zeitpunkt auf das Plateau des Waterbergs zurückgezogen, um sich dort dem Kampf zu stellen. Trotha zog mit sechs deutschen Truppenverbänden einen Belagerungsring um den Waterberg, ließ aber ein Schlupfloch im Süden offen, das den Weg in die Omaheke-Wüste wies: Die Herero, die die Kesselschlacht überlebten, sollten genau an dieser Stelle die deutsche Linie durchbrechen – und damit in eine tödliche Falle laufen. Im offiziellen Werk des deutschen Generalstabs hieß es dazu: »Die wasserlose Omakeke sollte vollenden, was die deutschen Waffen begonnen hatten: die Vernichtung des Hererovolkes.«

Und so geschah es. Unbarmherzig setzten die deutschen Truppen den panikartig Flüchtenden nach, hetzten sie von Wasserstelle zu Wasserstelle immer tiefer in die Omaheke-Wüste hinein. Den Soldaten boten sich entlang des Fluchtweges entsetzliche Bilder. Hilflose Männer, Frauen, Kinder hockten, erschöpft und halbverdurstet, im Busch und warteten auf ihr Ende. Kläglich brüllende Rinderherden irrten, von ihren Hirten verlassen, ziellos umher. Ein durchdringender Geruch von verwesenden Kadavern erfüllte die drückend heiße Luft. »Wo wir hinsahen«, so beschrieb ein deutscher Hauptmann die apokalyptische Szenerie, »nichts als Verzweiflung, Tod, Vernichtung.«

Aus der Bekämpfung des Aufstands war ein Vernichtungskrieg geworden. Den Deutschen kam dabei zur Hilfe, dass die Aufmerksamkeit der Weltöffentlichkeit abgelenkt war durch den russisch-japanischen Krieg in Fernost. Am 2. Oktober 1904 erließ Trotha eine Proklamation »an das Volk der Herero«: »Innerhalb der deutschen Grenze wird jeder Herero mit oder ohne Gewehr, mit oder ohne Vieh erschossen. Ich nehme keine Frauen und Kinder mehr auf, treibe sie zu Ihrem Volke zurück und lasse auf sie schießen.« Unterzeichnet: »Der große General des mächtigen Deutschen Kaisers.«

In Berlin löste der Vernichtungsbefehl selbst bei Kolonialenthusiasten Entsetzen aus. Reichskanzler Bülow sorgte sich darum, dass das »deutsche Ansehen unter den zivilisierten Nationen« Schaden nehmen könne, und bat Wilhelm II. um die Erlaubnis, die Proklamation Trothas aufheben zu dürfen. Nach einigem Zögern stimmte der Kaiser zu. In einem Gegenbefehl vom 8. Dezember 1904 wurde den Herero, die sich freiwillig ergaben, Schonung versprochen. Doch der »Gnadenerlass« kam zu spät. Die meisten waren inzwischen in der Omaheke elendig umgekommen. Am Ende sollten von den 60 000 bis 80 000 Herero, die vor dem Aufstand in Deutsch-Südwestafrika gezählt wurden, nur etwa 16 000 den Völkermord überleben.

Demgegenüber hatte der erste Krieg des wilhelminischen Deutschland nur rund 1500 deutschen Soldaten das Leben gekostet. Doch die Langzeitfolgen waren gravierend: Die Radikalisierung in Mentalität und Verhalten der weißen Siedlergesellschaft schlug auf das Mutterland zurück. In Trothas »Kolonialpolitik des Schwertes« waren bereits Tendenzen der Entgrenzung und Brutalisierung der Kriegführung erkennbar, die sich im Ersten Weltkrieg, etwa in den deutschen Massakern an belgischen Zivilisten, fortsetzen, und im Zweiten Weltkrieg im

Vernichtungskrieg gegen Polen und die Sowjetunion ihren grausigen Höhepunkt finden sollten.

Das »Augusterlebnis« 1914

Im Sommer 1914 zogen die Deutschen begeistert in den Krieg. So konnte man es lange Zeit in allen Schulbüchern, aber auch in repräsentativen Werken der deutschen Geschichtswissenschaft lesen. In Thomas Nipperdeys »Deutscher Geschichte 1866–1918« (1992) etwa heißt es: »Im August 1914 ergriff eine gewaltige Woge der Kriegsbegeisterung die Deutschen... Die nationale Zusammengehörigkeit im Moment von Bedrohung und Krise war ein Urerlebnis... Kaum jemand konnte sich dieser Stimmung, diesem ›Erlebnis‹ des August 1914 entziehen.« Diese zum Klischee erstarrte Vorstellung ist mittlerweile von der historischen Forschung zunehmend in Frage gestellt und in entscheidenden Punkten korrigiert worden. Danach steht fest, dass es ein »Augusterlebnis« im Sinne einer alle Bevölkerungsschichten und Regionen gleichermaßen erfassenden und mobilisierenden begeisterten Zustimmung zum Krieg nicht gegeben hat. Es war ein Wunschbild, das in der zeitgenössischen Rhetorik der Kriegsapologeten beschworen, in der revisionistischen Nachkriegsliteratur ausgemalt und von der konservativen Geschichtsschreibung gern und ungeprüft übernommen wurde. In Wirklichkeit waren die Reaktionen auf die drohende Kriegsgefahr Ende Juli und auf den Beginn des Krieges Anfang August 1914 sehr viel komplizierter und widersprüchlicher.

Manifestationen der Kriegsbegeisterung waren im Wesentlichen ein Phänomen der Großstädte; in Kleinstädten, vor allem aber auf dem Lande war davon nichts zu spüren. Im Gegenteil: Hier herrschte eine ausgesprochen niedergeschlagene und pessimistische Stimmung. Das war nicht verwunderlich, denn die Ernte stand vor der Tür, und viele Bäuerinnen wussten nicht, wie sie ohne die einrückenden

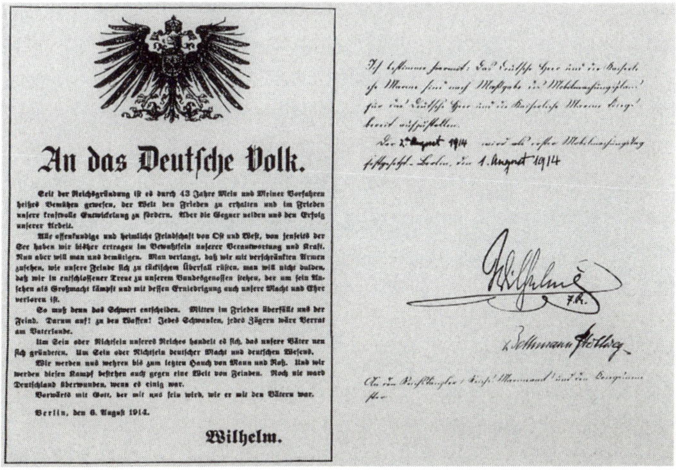

An das Deutsche Volk.

Seit der Reichsgründung ist es durch 43 Jahre Mein und Meiner Vorfahren heißes Bemühen gewesen, der Welt den Frieden zu erhalten und im Frieden unsere kraftvolle Entwickelung zu fördern. Aber die Gegner neiden uns den Erfolg unserer Arbeit.

Alle offenkundige und heimliche Feindschaft von Ost und West, von jenseits der See haben wir bisher ertragen im Bewußtsein unserer Verantwortung und Kraft. Nun aber will man uns demütigen. Man verlangt, daß wir mit verschränkten Armen zusehen, wie unsere Feinde sich zu tückischem Überfall rüsten, man will nicht dulden, daß wir in entschlossener Treue zu unserem Bundesgenossen stehen, der um sein Ansehen als Großmacht kämpft und mit dessen Erniedrigung auch unsere Macht und Ehre verloren ist.

So muß denn das Schwert entscheiden. Mitten im Frieden überfällt uns der Feind. Darum auf! zu den Waffen! Jedes Schwanken, jedes Zögern wäre Verrat am Vaterlande.

Um Sein oder Nichtsein unseres Reiches handelt es sich, das unsere Väter neu sich gründeten. Um Sein oder Nichtsein deutscher Macht und deutschen Wesens.

Wir werden uns wehren bis zum letzten Hauch von Mann und Roß. Und wir werden diesen Kampf bestehen auch gegen eine Welt von Feinden. Noch nie ward Deutschland überwunden, wenn es einig war.

Vorwärts mit Gott, der mit uns sein wird, wie er mit den Vätern war.

Berlin, den 6. August 1914.

Wilhelm.

Ich bestimme hiermit: Das Deutsche Heer und die Kaiserliche Marine sind nach Maßgabe des Mobilmachungsplans für das Deutsche Heer und die Kaiserliche Marine kriegsbereit aufzustellen.

Der 2. August 1914 wird als erster Mobilmachungstag festgesetzt. Berlin, den 1. August 1914

Wilhelm I.R.

v. Bethmann Hollweg

An den Reichskanzler (Reichsmarineamt) und den Kriegsminister.

Die allgemeine Mobilmachung ist angeordnet und Russland der Krieg erklärt worden, Berlin, 1. August 1914.
Unten: Mobilmachungsbefehl Kaiser Wilhelms II.

Männer und die von den Militärbehörden requirierten Pferde die notwendigen Arbeiten bewältigen sollten.

Aber auch unter der großstädtischen Bevölkerung war patriotische Hochstimmung nicht gleichermaßen verteilt. Am ehesten anzutreffen war sie in bürgerlich-akademischen Schichten. Hier war auch der gesellschaftliche Druck auf junge Männer am größten, sich als Kriegsfreiwillige zu melden. Allerdings war die Zahl der Freiwilligen wesentlich geringer, als die amtliche Propaganda verlauten ließ. Besonders empfänglich zeigten sich Intellektuelle, Schriftsteller und Künstler. Mehrere Motive kamen zusammen: die Unzufriedenheit mit den verkrusteten Verhältnissen der wilhelminischen Gesellschaft, der Überdruss an bürgerlicher Saturiertheit und dem Komfort einer langen Friedenszeit, die Sehnsucht nach Heldentum und Bewährung. »Wie hätte der Künstler, der Soldat im Künstler, nicht Gott loben sollen für den Zusammenbruch einer Friedenswelt, die er so satt, so überaus satt hatte«, schrieb Thomas Mann, einer der Wortführer der »geistigen Mobilmachung« von 1914.

Vor allem unter korporierten Studenten, den Mitgliedern der nationalen Agitationsverbände und der Kriegsvereine stießen solche Töne auf große Resonanz. In den Straßenkundgebungen der letzten Julitage taten sie sich besonders lautstark hervor. »Patriotischer Mob«, nannte sie der »Vorwärts«, das SPD-Parteiblatt, am 26. Juli. »Es waren Schreier, die mit dem Volke nichts, gar nichts gemein hatten.« Tatsächlich hielt sich die Arbeiterschaft in Berlin und anderen Großstädten zum Treiben der »Hurrapatrioten« in deutlicher Distanz. Noch am 28. Juli 1914 demonstrierten, vom SPD-Parteivorstand gerufen, Hunderttausende gegen den drohenden Krieg; selbst die Parteiführung war von dieser Massenbewegung überrascht. Mit ihrer Desinformationspolitik, die Russland in die Rolle des vermeintlichen Aggressors dirigierte, verstand es die deutsche Regierung allerdings, den Antikriegsprotest zu schwächen und die SPD-Führung auf Linie zu bringen. Deren Schwenk ins Lager der Kriegsbefürworter stellte einen Bruch

Abfahrt vom Anhalter Bahnhof in Berlin, August 1914.

mit der antimilitaristischen Tradition der Vorkriegs-Sozialdemokratie dar, der viele Mitglieder enttäuschte und verwirrte.

Nach Bekanntgabe der Mobilmachung am 1. August 1914 löste sich die zwischen Angst und Erwartung, Panik und Euphorie schwankende Spannung auf. Die rauschhafte Zustimmung zum Krieg, in die sich das vorwiegend bürgerliche Publikum hineinsteigerte, nahm in der ersten Augustwoche Züge einer kollektiven Hysterie an. Deutlichstes Symptom war das grassierende »Spionagefieber«. Vielerorts wurden harmlose Passanten, die man als ausländische Agenten verdächtigte, zusammengeschlagen, wurde Jagd gemacht auf Autos, die angeblich sagenhafte Goldschätze von Frankreich nach Russland transportierten.

Von derlei Exzessen hielten sich sozialdemokratische Arbeiter fern. Auch nach dem 4. August 1914, dem Tag der Zustimmung der SPD-Reichstagsfraktion zu den Kriegskrediten, war bei ihnen von Begeisterung wenig zu bemerken. Mit großem Ernst begleiteten Familienangehörige die eingezogenen Männer zu den Bahnhöfen. Beobachtern prägte sich das Bild weinender Frauen ein. Erst seit Mitte August 1914, unter dem Eindruck der Siegesmeldungen, schlug die Stimmung um. Jetzt wurde auch in proletarischen Quartieren die Reichsflagge gehisst, ertönten aus Arbeiterkneipen patriotische Lieder. Für einen kurzen Moment schien doch die ganze Bevölkerung von einem starken Gemeinschaftsgefühl angesteckt zu sein.

Dieser flüchtige Augenblick wurde in der Erinnerung der Zeitgenossen bald zum »Augusterlebnis« verklärt. Die Propaganda machte daraus einen Mythos – den »Geist von 1914«, ein angeblich alle Gruppen- und Klassengrenzen überwindendes Gemeinschaftserlebnis, das umso heftiger beschworen wurde, je mehr im Laufe des Krieges die alten Gegensätze wieder aufbrachen. Noch im Oktober 1918, als der Krieg längst verloren war, schrieb die «Deutsche Tageszeitung«: »Unsere Kraft ist nicht gebrochen... Aber der Geist von 1914 muß wieder erwachen.«

Später verstanden es die Nationalsozialisten am besten, aus dem Mythos politisches Kapital zu schlagen. Mit ihrer Volksgemeinschaftsideologie knüpften sie an den »Geist von 1914« an. So war es auch kein Zufall, dass Hermann Göring in seiner Rundfunkansprache zur »Machtergreifung« am 30. Januar 1933 den Blick auf 1914 zurücklenkte: »Während ich hier am Mikrophon stehe«, verkündete er, »drängen sich draußen vor der Reichskanzlei Hunderttausende von Menschen, eine Stimmung, wie sie nur mehr zu vergleichen ist mit jenem August 1914.«

Die Julikrise 1917

Am 6. Juli 1917 trat der Hauptausschuss des Reichstags zusammen, um die neue Sitzungsperiode des Parlaments vorzubereiten. Die politische Atmosphäre war gespannt. Fünf Monate dauerte nun schon der uneingeschränkte U-Bootkrieg, ohne dass er, wie von den Militärs versprochen, England in die Knie gezwungen hätte. Stattdessen war im April 1917 mit den Vereinigten Staaten ein weiterer mächtiger Kriegsgegner auf den Plan gerufen worden. Auch die Hoffnung, Russland werde nach dem Sturz des Zaren im Februar aus dem alliierten Bündnis ausscheren, hatten sich noch nicht erfüllt. So zeichnete sich das Gespenst eines vierten Kriegswinters ab mit noch schwereren Belastungen für die Bevölkerung als im vorangegangenen »Steckrübenwinter«.

Zunächst schienen die Beratungen ganz dem gewohnten Ritual parlamentarischer Geschäftsmäßigkeit zu folgen. Doch dann ergriff der Zentrumsabgeordnete Matthias Erzberger das Wort zu einer Rede, die, wie Theodor Wolff, der Chefredakteur des liberalen »Berliner Tageblatts«, notierte, »Sensation in allen politischen Kreisen« machte. Denn Erzberger wies nicht nur nach, wie sehr sich die Heeresleitung, was die Wirkung des U-Bootkrieges betraf, verrechnet hatte; er forderte darüber hinaus, der Reichstag müsse mit einer Kundgebung seinen unzweifelhaften Willen zu einem Verständigungsfrieden dokumentieren und zugleich die allzulange aufgeschobenen inneren Reformen in Angriff nehmen. »Nie darf unser Volk dem Reichstag das grausame Wort entgegenschleudern: ›zu spät!‹«

Erzbergers Rede öffnete den Weg für eine neue parlamentarische Mehrheitsbildung. Noch am selben Tage kamen führende Abgeordnete der Mehrheitssozialdemokratie (MSPD), des Zentrums und der liberalen Fortschrittspartei zusammen und konstituierten einen »Interfraktionellen Ausschuss«. Das war der Beginn einer Zusammenarbeit der drei Parteien, wie sie vor 1914 noch nicht denkbar gewesen wäre. Eine neue Epoche in der Geschichte des deutschen Parlamentarismus schien angebrochen. Sollte die geplante Friedensresolution im Ausland glaubwürdig wirken, musste der Reichstag ein größeres Gewicht erhalten, das heißt, nun endlich die »Parlamentarisierung« der **Verfassung** auf die Tagesordnung setzen. »Die Welt muß sehen, daß die Initiative vom Parlament ausgeht, ohne Deutelei«, erklärte der Abgeordnete der Fortschrittspartei, Friedrich Payer. Wie aber die »Par- S.66

Frauen stehen während des Krieges nach Brot an.

lamentarisierung« praktisch zu verwirklichen sei, darüber gingen die Meinungen auseinander. Da man sich die Einführung des vollen parlamentarischen Systems angesichts der zu erwartenden Widerstände der alten konservativen Eliten noch nicht zutraute, wurden verschiedene Übergangsszenarien diskutiert. Auf ein gemeinsames Aktionsprogramm konnte man sich wiederum nicht verständigen. »Langes Hin- und Herreden. Einig im Ziel, aber Auseinanderfallen über die rasche Realisierung«, notierte enttäuscht der MSPD-Abgeordnete Eduard David.

Derweil blieb die Oberste Heeresleitung unter Paul von Hindenburg und Erich Ludendorff nicht untätig. In der durch Erzbergers Vorstoß entstandenen innenpolitischen Krise erkannten sie eine Chance, um sich endlich des Reichskanzlers Bethmann Hollweg zu entledigen, der ihnen wegen seiner unentschiedenen Haltung in der Kriegszielfrage und seiner Nachgiebigkeit gegenüber den Reformkräften schon lange ein Dorn im Auge war. Am 7. Juli reisten sie vom Hauptquartier in Bad Kreuznach nach Berlin, um die Zustimmung des Kaisers zur Entlassung des Kanzlers zu erwirken, doch diesmal ließ Wilhelm II. sie noch abblitzen: »Fahrt nur ruhig wieder heim und überlaßt die politischen Fragen den dafür verantwortlichen Reichsstellen.« Ludendorff indes gab die Partie noch nicht verloren. Über seinen Intimus, Oberst Max Bauer, nahm er Kontakt zu Erzberger und dem Parteiführer der Nationalliberalen, Gustav Stresemann, auf. Beiden ließ er mitteilen, dass er, Ludendorff, einer »Parlamentarisierung« gar nicht so abgeneigt sei, der eigentliche Widerstand dagegen vom Reichskanzler ausgehe. So begann ein Ränkespiel, in dem sich Bethmann Hollweg zwischen allen Stühlen wiederfand. Sowohl die starken Männer von der OHL als auch die Vertreter der neuen Reichstagsmehrheit forderten, unterstützt von einer heftigen Medienkampagne, den Rücktritt des Kanzlers. Alles hing jetzt davon ab, ob der Kaiser weiterhin geneigt war, ihn im Amte zu halten.

Allerdings war Bethmann Hollweg auch nicht bereit, kampflos von der politischen Bühne abzutreten. Am 10. Juli gelang es ihm, in einer zweistündigen Audienz im Park des Schlosses Bellevue Wilhelm II. davon zu überzeugen, das gleiche Wahlrecht für Preußen nicht erst, wie in seiner »Osterbotschaft«, für die Zeit nach dem Kriege, sondern sofort und ohne Einschränkungen zu versprechen. Ein entsprechender kaiserlicher Erlass wurde am 12. Juli veröffentlicht. »Das ist finis Prussiae und Beginn einer neuen parlamentarischen Ära für Deutschland, in dem das Ostelbien vom Schauplatz seiner Herrscherbühne abtritt... Die Bildung eines Kabinetts von verantwortlichen Ministern scheint wahrscheinlich«, vermerkte Vizeadmiral Hopman in seinem Tagebuch.

Noch einmal schien Bethmann Hollweg einen Sieg über seine Gegner davongetragen zu haben. Doch jetzt brachte die Kanzlerfronde mit Kronprinz Wilhelm eine weitere Figur ins Spiel. Am Morgen des 12. Juli lud dieser Mitglieder alle Reichstagsfraktionen zu sich, um ihre Ansicht über ein weiteres Verbleiben Bethmann Hollwegs im Amte in Erfahrung zu bringen – ein, wie der Historiker Gerhard Ritter angemerkt hat, »in der Geschichte der preußischen Krone unerhörter Vorgang«, weil der Kronprinz zu einer solchen Intervention verfassungsrechtlich gar nicht befugt war. Erwartungsgemäß sprachen sich alle Abgeordneten, mit Ausnahme des Vertreters der Fortschrittspartei, Payer, für die Entlassung Bethmann Hollwegs aus. »Er hat immer flau gemacht, selbst nach großen militärischen Erfolgen«, erklärte Stresemann, als sei er ein Sprachrohr Ludendorffs, und Erzberger sekundierte: »Der Reichskanzler muß weg, er ist ein Hindernis des Friedens, er verpaßt alles, und es wird nicht besser, sondern schlimmer.« Die Aussagen der Parlamentarier, die Oberst Bauer, versteckt hinter einer Tapetentür zu Protokoll nahm, hinterbrachte der Kronprinz umgehend seinem Vater. Der zeigte sich beeindruckt, denn nun war klargestellt, dass Bethmann Hollwegs parlamentarischer Rückhalt auf ein Minimum zusammengeschmolzen war.

Den Schlusspunkt im Machtpoker setzten jedoch Hindenburg und Ludendorff. Am Abend des 12. Juli traf die Nachricht aus Bad Kreuznach ein, dass sie ihr Abschiedsgesuch eingereicht hätten, weil sie mit Bethmann Hollweg nicht mehr zusammenarbeiten könnten. Damit hatten sie ihren letzten und wirkungsvollsten Trumpf ausgespielt. Wilhelm II. empörte sich zwar über das allen preußischen Traditionen Hohn sprechende Verhalten seiner höchsten Offiziere, doch blieb ihm angesichts der Rücktrittsdrohung keine andere Wahl, als sich vom Kanzler zu trennen. »Nun bleibt mir auch nichts anderes zu tun, als abzudanken«, soll er in plötzlicher Erkenntnis seiner eigenen Rolle als Schattenkaiser ausgerufen haben.

Am Morgen des 13. Juli reichte Bethmann Hollweg sein Abschiedsgesuch ein. Die Kanzlerkrise war damit beendet, aber über einen Nachfolger hatte man sich keine Gedanken gemacht. »Nun war Holland in Not«, notierte Moritz Freiherr von Lyncker, der Chef des kaiserlichen Militärkabinetts. Die Namen aller möglichen Kandidaten wurden genannt und wieder verworfen. Schließlich einigte man sich auf einen der Öffentlichkeit völlig unbekannten Mann – Georg Michaelis, preußischer Staatskommissar für Volksernährung. Von ihm erwartete die OHL zu Recht, dass er sich als willfähriger Handlanger erweisen würde. Die Parteien der neuen Reichstagsmehrheit ließen sich in der Nachfolgefrage ausmanövrieren, ja, sie erlaubten den Militärs sogar, mit Hand anzulegen bei der redaktionellen Bearbeitung der Friedensresolution. So kam eine Fassung zustande, die in ihren allgemein und unverbindlich gehaltenen Formulierungen niemanden beeindrucken konnte, schon gar nicht das Ausland.

Scharfsinnig bemerkte Bethmann Hollwegs Vertrauter Kurt Riezler nach dem Kanzlersturz: »Das Groteske der Entwicklung: der Reichstag dachte, er hätte die Sache in die Hand genommen und leite die Politik – ganz geschwollen vor Eitelkeit –, tatsächlich war seine Eitelkeit nur das Mittel der OHL.« Aus der Krise des Juli 1917 gingen Hindenburg und Ludendorff nicht geschwächt, sondern gestärkt hervor. Die Reichstagsmehrheit aber hatte ihre Chance, gestaltenden Einfluss auf die deutsche Politik zu gewinnen, ungenutzt verstreichen lassen.

Kriegsschuldfrage

Noch im November 1918 hatte die Revolutionsregierung, der Rat der Volksbeauftragten (aus jeweils drei MSPD- und USPD-Mitgliedern), beschlossen, die wichtigsten deutschen Aktenstücke zum Kriegsausbruch 1914 zu sammeln und herauszugeben. Damit beauftragt wurde Karl Kautsky, vor 1914 Theoriepapst der SPD, der nach dem Ende der Monarchie als Vertreter der USPD zum »beigeordneten Staatssekretär« im Auswärtigen Amt ernannt worden war. Ende März 1919 lag die Aktensammlung dem Kabinett unter Führung des Mehrheitssozialdemokraten Philipp Scheidemann vor. Der Befund war niederschmetternd: Die deutsche Politik war im Juli 1914 keineswegs friedfertig gewesen. Im Gegenteil: Sie hatte die Krise entscheidend verschärft und trug demnach die Hauptschuld am Ersten Weltkrieg. Mit Rücksicht auf die laufenden Friedensverhandlungen in Versailles unterblieb die Veröffentlichung. Erst im Dezember 1919 wurde eine überarbeitete und entschärfte Fassung der »Deutschen Dokumente zum Kriegsausbruch« herausgebracht. Damit hatten die regierenden Repräsentanten der Mehrheitssozialdemokratie die Chance zur rechtzeitigen Aufklärung der Bevölkerung vertan.

Der Ende Juni 1919 in Versailles unterzeichnete Friedensvertrag hielt in Artikel 231 fest: »Die alliierten und assoziierten Regierungen erklären und Deutschland erkennt an, daß Deutschland und seine Verbündeten als Urheber für alle Verluste und Schäden verantwortlich sind, die die alliierten und assoziierten Regierungen und ihre Staatsangehörigen infolge des Krieges, der ihnen aufgezwungen wurde, erlitten haben.« Gegen diesen sogenannten »Kriegsschuldparagraphen« formierte sich in Deutschland eine breite Abwehrfront. Im Auswärtigen Amt wurde ein »Kriegsschuldreferat« eingerichtet, das damit betraut wurde, die Revisionspropaganda gegen den Versailler Vertrag zu organisieren. Eine im April 1921 gegründete Zentralstelle für Erforschung der Kriegsursachen übernahm die Aufgabe, die »Kriegsschuldlüge« wissenschaftlich zu widerlegen. Das Institut, das von dem ehemaligen Generalstabsoffizier Alfred von Wegerer geleitet wurde, gab eine eigene Zeitschrift »Die Kriegsschuldfrage« (seit 1929 »Berliner Monatshefte«) heraus. Es beschäftigte einen kleinen, aber rührigen Kreis von Autoren, die regelmäßig Artikel für Nachrichtenbüros und Zeitungen schrieben.

Ergänzt wurde die Einflussnahme des Auswärtigen Amtes durch eine große 40bändige Aktenedition zur deutschen Vorkriegspolitik: »Die Große Politik der Europäischen Kabinette 1871–1914«. Sie sollte, wie Friedrich Thimme, einer der drei Herausgeber, im März 1927 an Außenminister Gustav Stresemann schrieb, »einen Wahrheitsbeweis allergrößten Stils für Deutschlands Friedensliebe führen«. Zu diesem Zwecke wurde die Wahrheit manipuliert – durch selektive Auswahl von Dokumenten, durch apologetische Fußnoten, durch Unterdrückung von die deutsche Politik belastenden Äußerungen, etwa Marginalien Wilhelms II. Auf Intervention des »Kriegsschuldreferats« unterblieb auch die Veröffentlichung des vom Freiburger Juristen Hermann Kantorowicz für den Parlamentarischen Untersuchungsausschuss für die Schuldfragen des Weltkriegs 1923 erstellten Gutachtens, das in einem scharfen Gegensatz zu den gängigen Thesen der Unschuldspropaganda stand (es wurde erst 1967 publiziert).

Das Auswärtige Amt verfolgte mit seiner Unschuldskampagne das Ziel, der deutschnationalen Rechten Agitationsstoff zu entziehen und sie auf den gemäßigten außenpolitischen Revisionskurs der Regierung festzulegen. Tatsächlich jedoch erreichte es das Gegenteil: Durch die ständig wachgehaltene Empörung über den Versailler »Schmachparagraphen« wurden die alten Feindbilder der Vorkriegszeit wiederbelebt und zugleich Revisionserwartungen geweckt, von deren Nichterfüllung nur die politische Rechte profitieren konnte. Wie leicht sich aus der Anti-Versailles-Stimmung ein Instrument gegen das verhasste Weimarer »System« schmieden ließ, zeigte das Volksbegehren gegen den Young-Plan 1929. Als »Kriegsschuld-Volksbegehren« deklariert, führte es erstmals alle Vertreter der »nationalen Opposition (unter Einschluss der Nationalsozialisten) zusammen, die mit der Harzburger Front vom Oktober 1931 zum letzten Sturm gegen die Republik antreten sollten. Der Kampf gegen die »Kriegsschuldlüge« erwies sich als einer der destabilisierenden Faktoren, die wesentlich zum Untergang der Weimarer Demokratie beitrugen.

Auch nach 1945 war die Kriegsunschuldlegende noch keineswegs aus der Welt. Nach anfänglicher Selbstkritik, wie sie etwa Friedrich Meinecke in seinen Betrachtungen »Die deutsche Katastrophe« (1946) übte, kehrten die meisten der überwiegend nationalkonservativen westdeutschen Historiker zur alten Linie zurück. Auf dem ersten Historikertag nach dem Kriege in München 1949 erinnerte der Vorsitzende des Historikerverbands, der Freiburger Gerhard Ritter, in seinem Eröffnungsreferat selbstbewusst an die Abwehrschlacht gegen die Kriegsschuldvorwürfe in den 20er und 30er Jahren, die zu einem »Welterfolg der deutschen Hauptthesen« geführt habe. Am ehesten konnten sich die Historiker der frühen Bundesrepublik noch mit dem Wort des ehemaligen englischen Premiers David Lloyd George von Anfang der 20er Jahre anfreunden, wonach alle europäischen Mächte mehr oder weniger ungewollt in den Weltkrieg »hineingeschlittert« seien. Von einem maßgeblichen Anteil der deutschen Politik am »Ausbruch« des Krieges durfte nach wie vor nicht gesprochen werden. Deshalb stieß auch das große dreibändige Werk des italienischen Historikers Luigi Albertini »The Origins of the War« (1952–57), das eben auf diesen Anteil aufmerksam machte, auf Ablehnung.

Für einen grundlegenden Wandel sorgte hier erst Fritz Fischers Buch »Griff nach der Weltmacht« (1961). In der anhaltenden Kontroverse, die sich daran anschloss und auf dem Berliner Historikertag 1964 ihren spektakulären Hohepunkt erlebte, wurde der Kriegsunschuldlegende endgültig der Boden entzogen. Zwar konnte sich Fischer mit seiner These eines von langer Hand vorbereiteten und zielstrebig umgesetzten Hegemonialkrieges am Ende nicht durchsetzen, doch herrscht mittlerweile ein weitgehender Konsens darüber, dass die deutsche Reichsleitung eine Hauptverantwortung für den Kriegsausbruch trifft, weil sie mit ihrem »Blankoscheck« von Anfang Juli 1914 Österreich-Ungarn direkt zur Aggression gegen Serbien ermunterte, den Konflikt damit entscheidend eskalierte und dabei das Risiko eines großen Krieges bewusst in Kauf nahm. Gestritten wird aber nach wie vor über die Motive, welche dieser halsbrecherischen Risikopolitik zugrunde lagen: Waren sie eher offensiver oder defensiver Natur – oder, wofür manches spricht, offensiv und defensiv zugleich. »Eine riskante Partie aus Furcht«, so hat schon Kurt Riezler, der wichtigste Gesprächspartner Bethmann Hollwegs in der Julikrise 1914, in einem Brief an Theodor Wolff vom März 1930 die Ambivalenz der deutschen Politik umschrieben.

Neuerdings wird wieder stärker nach der Rolle auch der übrigen Großmächte gefragt. Eine Gruppe jüngerer deutscher Historiker, allen voran Holger Afflerbach (»Der Dreibund«, 2002) und Friedrich Kießling (»Gegen den ›großen Krieg‹?«, 2002), vertritt die These, dass die Weichen im internationalen System vor 1914 weniger in Richtung auf eine Verschärfung der Spannungen, als vielmehr auf Entspannung gestellt gewesen seien. Ein großer Konflikt sei damit immer unwahrscheinlicher geworden. Ob sich diese neue Interpretation durchsetzen wird, scheint zweifelhaft, denn sie steht vor der Schwierigkeit, erklären zu müssen, warum es dann doch zum Weltkrieg kam. Immerhin verdanken wir den neuen Forschungen die Einsicht, dass der Kriegsausbruch von 1914 kein zwangsläufiges Resultat der internationalen Entwicklungen vor 1914 war, dass es auch gegenläufige Tendenzen gab, auch wenn sich diese am Ende nicht durchsetzen konnten. Das Bild der Vorkriegspolitik wird dadurch vielschichtiger und widersprüchlicher, ohne dass die Verantwortung der deutschen Reichsleitung verringert würde. Der Versuch des englischen Historikers Niall Ferguson (»The Pity of War«, 1998; deutsch: »Der falsche Krieg«, 1999), das Deutsche Reich zu entlasten und stattdessen Großbritannien die eigentliche Schuld zuzuweisen, ist auch von deutschen Historikern nahezu einhellig zurückgewiesen worden.

ZEITTAFEL

1871, 18. Januar	Der preußische König Wilhelm I. wird im Spiegelsaal von Versailles zum Deutschen Kaiser ausgerufen.
16. April	Der Reichstag verabschiedet die Verfassung des Deutschen Reiches, die am 4.5. in Kraft tritt.
10. Mai	Frankfurter Friede. Ende des deutsch-französischen Krieges.
1873, Mai	Mit den preußischen »Maigesetzen« erreicht der Kulturkampf seinen Höhepunkt.
9. Mai	Börsencrash in Wien. Beginn des »Gründerkrachs«, der in eine lange Phase wirtschaftlicher Stagnation mündet.
22. Oktober	Dreikaiserabkommen zwischen Deutschland, Österreich-Ungarn und Russland.
1875, Mai	Die von Bismarck provozierte »Krieg-in-Sicht«-Krise führt in eine schwere diplomatische Niederlage Deutschlands.
1878, 13. Juni	Unter Bismarcks Leitung beraten einen Monat lang die führenden europäischen Staatsmänner in Berlin über eine Neuordnung des Balkans.
18. Oktober	Verabschiedung des Sozialistengesetzes im Reichstag. Es läuft erst am 30.9.1890 aus.
1879, 7. Oktober	Zweibundvertrag zwischen dem Deutschen Reich und Österreich-Ungarn.
1881, 18. Juni	Drei-Kaiser-Vertrag zwischen dem Deutschen Reich, Russland und Österreich-Ungarn.
1882, 20. Mai	Dreibundvertrag zwischen dem Deutschen Reich, Österreich-Ungarn und Italien.
1887, 18. Juni	Abschluss des geheimen »Rückversicherungsvertrags« zwischen dem Deutschen Reich und Russland.
1888, 9. März	Kaiser Wilhelm I. stirbt im Alter von 90 Jahren. Der Kronprinz ist bei der Thronbesteigung bereits todkrank.
15. Juni	Tod Kaiser Friedrichs III.; Beginn der Regierungszeit Wilhelms II.
1890, 20. März	Wilhelm II. entlässt Reichskanzler Bismarck. Dessen Nachfolger wird General Leo Graf von Caprivi.
27. März	Die Reichsleitung beschließt, den Rückversicherungsvertrag nicht zu verlängern. Er läuft am 18.6. aus.

1892, 17. August	Französisch-russische Militärkonvention. Verschlechterung der außenpolitischen Lage des Deutschen Reiches.
1894, 26. Okt.	Entlassung Caprivis. Sein Nachfolger wird Clodwig Fürst zu Hohenlohe-Schillingsfürst.
1895, 11. Mai	Die Umsturzvorlage gegen die Sozialdemokratie scheitert im Reichstag.
1896, 3. Januar	Die »Krüger-Depesche« Kaiser Wilhelms II. belastet das deutsch-britische Verhältnis.
1897, 6. Dez.	Der neue Staatssekretär des Äußern, Fürst Bernhard von Bülow (seit 18.10.1900 Reichskanzler), fordert im Reichstag für Deutschland einen »Platz an der Sonne«. Beginn der deutschen »Weltpolitik«.
1904, 12. Januar	Beginn der Erhebung der Herero in Deutsch-Südwestafrika.
8. April	Großbritannien und Frankreich schließen eine »Entente cordiale«.
1905, 31. März	Landung Wilhelms II. in Tanger. Auftakt zur ersten Marokkokrise.
1907, 31.August	Großbritannien und Russland verständigen sich über die Abgrenzung ihrer Einflusszonen in Asien. Die außenpolitische Isolierung des Deutschen Reiches ist damit vollendet.
1908, 6. Oktober	Österreich-Ungarn annektiert Bosnien-Herzegowina und löst damit eine schwere Krise aus.
28. Oktober	Das »Daily Telegraph«-Interview Wilhelms II. führt zu heftigen innenpolitischen Auseinandersetzungen.
1909, 14. Juli	Reichskanzler Bülow tritt zurück. Sein Nachfolger wird der bisherige Staatssekretär des Inneren, Theobald von Bethmann Hollweg.
1911, 1. Juli	Entsendung des deutschen Kanonenboots »Panther« nach Agadir. Beginn der zweiten Marokkokrise.
1912, 12. Januar	Bei den Wahlen zum Reichstag wird die SPD mit 34,8 Prozent der Stimmen und 110 Mandaten zur stärksten Fraktion .
1913, 30. Juni	Die große Wehrvorlage passiert den Reichstag. Sie bringt eine bedeutende Verstärkung des Heeres.
November	Übergriffe von Militärs auf Zivilisten in der elsässischen Stadt Zabern sorgen für heftigen innenpolitischen Streit über die Rolle der Armee in Preußen-Deutschland.

1914, 28. Juni	Ermordung des österreich-ungarischen Thronfolgers Erzherzog Franz Ferdinands und seiner Frau in Sarajewo.
6. Juli	Die deutsche Reichsleitung stellt Österreich-Ungarn einen »Blankoscheck« für ein militärisches Vorgehen gegen Serbien aus.
28. Juli	Kriegserklärung Österreich-Ungarns an Serbien; darauf russische Generalmobilmachung am 30.7., der die deutsche Kriegserklärung am 1.8. folgt.
3. August	Kriegserklärung Deutschlands an Frankreich und Beginn des Einmarsches ins neutrale Belgien.
4. August	Kriegserklärung Großbritanniens an Deutschland.
9. September	Extremes Kriegszielprogramm Bethmann Hollwegs (»Septemberdenkschrift«) in Erwartung des militärischen Sieges über Frankreich.
18. November	Der deutsche Generalstabschef Erich von Falkenhayn fordert den Reichskanzler auf, einen Separatfrieden mit Russland oder Frankreich in die Wege zu leiten, weil ein entscheidender militärischer Erfolg nicht mehr möglich sei.
1915 Mai	Die Offensive bei Tarnow-Gorlice beschert den Mittelmächten nicht erwartete Erfolge; große Teile Polens werden besetzt.
1916, 21. Februar	Beginn der Abnutzungsschlacht bei Verdun; sie wird nach großen Verlusten auf beiden Seiten im Juli 1916 abgebrochen.
29. August	Berufung von Paul von Hindenburg und Erich Ludendorff an die Spitze der Obersten Heeresleitung.
12. Dezember	Friedensangebot der deutschen Reichsleitung, das von den Ententemächten abgelehnt wird.
1917, 31. Januar	Eröffnung des uneingeschränkten U-Bootkriegs.
8. März	Beginn der russischen Revolution; Abdankung des Zaren und Einsetzung einer provisorischen Regierung.
6. April	Kriegserklärung der Vereinigten Staaten an das Deutsche Reich.
6. Juli	Eine Reichstagsmehrheit aus MSPD, Zentrum und Fortschrittlicher Volkspartei setzt einen Interfraktionellen Ausschuss ein.
13. Juli	Entlassung Bethmann Hollwegs auf Drängen Hindenburgs und Ludendorffs.
19. Juli	Friedensresolution der Reichstagsmehrheit, die aber wirkungslos bleibt.

7. November	Die Oktoberrevolution bringt die Bolschewiki um Lenin und Trotzki an die Macht
1918, 28. Januar	In Berlin und anderen Großstädten streiken Arbeiter für eine Beendigung des Krieges.
3. März	Friedensvertrag von Brest-Litowsk zwischen dem revolutionären Russland und den Mittelmächten.
21. März	Beginn einer Großoffensive im Westen, mit der Ludendorff die militärische Entscheidung erzwingen will.
8. August	»Schwarzer Tag« des deutschen Heeres im Westen. Endgültiger Verlust der militärischen Initiative.
29. September	Entschluss der OHL für die Aufnahme von Waffenstillstandsverhandlungen und die Bildung einer Regierung auf parlamentarischer Grundlage unter Prinz Max von Baden.
3. Oktober	Deutsches Waffenstillstandsangebot an den amerikanischen Präsidenten Wilson.
28. Oktober	Reform der Reichsverfassung.
Ende Oktober	Rebellion der Matrosen gegen den Befehl der Marineleitung, die Schlachtflotte in Wilhelmshaven zu einem letzten Gefecht auslaufen zu lassen. Die Rebellion weitet sich Anfang November auf Kiel und rasch auf ganz Deutschland aus.
9. November	Die revolutionäre Bewegung erreicht Berlin. Prinz Max von Baden gibt die Abdankung Wilhelms II. bekannt und betraut den Führer der MSPD, Friedrich Ebert, mit der Reichskanzlerschaft.
11. November	Unterzeichnung des Waffenstillstands im Wald von Compiègne.

GLOSSAR

Alldeutscher Verband – Radikalnationalistische Organisation mit ausgeprägt antisemitischen Tendenzen, aus der Agitation gegen den Helgoland-Sansibar-Vertrag von 1890 hervorgegangen. *s. S. 31, 65, 90*

Attentat von Sarajewo – Am 28. Juni 1914 wurden der österreichisch-ungarische Thronfolger Erzherzog Franz Ferdiand und seine Frau vom Mitglied einer Gruppe Bosnier serbischer Herkunft, Gavrilo Princip, in Sarajewo ermordet. *s. S. 46, 116*

Bagdadbahn – Bau der Eisenbahnlinie von Konya (Türkei) über Bagdad zum Persischen Golf, finanziert von einem Bankenkonsortium unter Führung der Deutschen Bank, eines der ambitioniertesten Unternehmen wilhelminischer »Weltpolitik«, das die wirtschaftliche Durchdringung des Osmanischen Reiches zum Ziel hatte. *s. S. 34, 42*

Balkankriege – Der Krieg des Balkanbundes gegen das Osmanische Reich 1912 und der anschließende Konflikt zwischen den Mitgliedsstaaten des Balkanbunds 1913 beschwören eine schwere internationale Krise herauf. Der Balkan bleibt das Pulverfass Europas.

Berliner Kongress – Mit dem Kongress, der vom 13. Juni bis 13. Juli 1878 tagte, fand die große Orientkrise (1875–1878) ihren Abschluss. Bismarck gelang es mit großem Geschick, als »ehrlicher Makler« zwischen den europäischen Mächten zu vermitteln. *s. S. 19*

Bismarck-Mythos – Nach seiner Entlassung 1890, vollends nach seinem Tod am 30. Juli 1898 wurde Bismarck immer mehr zum Nationalheros verklärt; der Kult um seine Person fand seinen sichtbarsten Ausdruck in einer Vielzahl von Denkmälern. *s. S. 27*

Blankoscheck – Zusicherung der deutschen Reichsleitung an Österreich-Ungarn vom 5./6. Juli 1914, eine militärischen Aktion gegen Serbien rückhaltlos zu unterstützen. *s. S. 46, 112, 116*

Bülow-Block – 1909, nach den »Hottentottenwahlen«, gebildete parlamentarische Querverbindung aus konservativen Parteien, Nationalliberalen und Linksliberalen. Der Block zerbrach nach dem Scheitern der Reichsfinanzreform 1909. *s. S. 38, 40*

Bürgerliches Gesetzbuch – Das BGB vereinheitlichte das Privatrecht im Kaiserreich. 1896 von Bundesrat und Reichstag angenommen, trat es 1900 in Kraft. *s. S. 78*

Bund der Landwirte – Interessenverband der Agrarier, vor allem der ostelbischen Großgrundbesitzer, der einen erheblichen Einfluss auf die Reichsleitung ausübte. *s. S. 76, 90*

Burgfrieden – Bezeichnung für den zu Beginn des Ersten Weltkriegs im Zeichen nationaler Einmütigkeit zwischen den Parteien und Interessengruppen geschlossenen innenpolitischen Waffenstillstand. Charakteristisch war der Ausspruch Wilhelms II.: »Ich kenne keine Parteien mehr, ich kenne nur noch Deutsche.« *s. S. 78*

»Daily Telegraph«-Affäre – Ein taktloses Interview Wilhelms II. in der britischen Zeitung am 28. Oktober 1908 löst große öffentliche Empörung aus und führt das Kaiserreich an den Rand einer Staatskrise. *s. S. 39f., 64, 115*

Dolchstoßlegende – Von den deutschen Militärs, allen voran Ludendorff, im Herbst 1918 in die Welt gesetzte Geschichtslüge, die besagt, dass das deutsche Heer im Ersten Weltkrieg nicht militärisch besiegt, sondern hinterrücks erdolcht worden sei – durch den »zersetzenden Defäitismus « der Linken, Pazifisten und Juden. *s. S. 93*

Dreikaiserabkommen – Am 23. Oktober 1873 bekräftigten Wilhelm I., Zar Alexander II. und Kaiser Franz Joseph die Solidarität der konservativen Monarchien. 1878 von Russland annuliert, wurde der Vertrag 1881 in erweiterter Form erneuert und 1884 noch einmal für drei Jahre verlängert. *s. S. 18f., 114*

Dreikaiserjahr – 1888 bestieg nach dem Tod Kaiser Wilhelms I. und seines Sohnes Friedrich III. der Enkel Wilhelm II. den Thron.

Dreiklassenwahlrecht – Ungleiches, indirektes Wahlrecht in Preußen seit 1849, das die Konservativen extrem begünstigte. Es hatte bis zum Untergang des Kaiserreichs 1918 Bestand. *s. S. 39, 44, 60, 73*

Einkreisung – Mit diesem Schlagwort, das Reichskanzler Bülow zuerst in einer Reichstagsrede vom November 1906 gebrauchte, belegten Reichsleitung und Öffentlichkeit in Deutschland die angeblich auf systematische Strangulierung des Reiches zielende Politik der Ententemächte. *s. S. 35f., 43*

Entente cordiale – 1904 legten England und Frankreich ihre Differenzen in der Kolonialfrage bei und vereinbarten eine engere politische Zusammenarbeit. 1907, mit der englisch-russischen Verständigung, erweiterte sie sich zur Triple Entente. *s. S. 35, 115*

Friede von Brest-Litowsk – Am 2. Dezember 1917 begannen in Brest-Litowsk die Friedensverhandlungen zwischen dem revolutionären Russland und den Mittelmächten. Am 10. Februar 1918 brach der Leiter der russischen Delegation, Leo Trotzki, die Verhandlungen ab und erklärte den Kriegszustand für beendet. Nachdem die deutschen

Truppen daraufhin ihren militärischen Vormarsch wieder aufgenommen hatten, beugten sich die Russen dem deutschen Diktat und unterzeichneten am 3. März 1918 den Vertrag. Russland musste Polen, Litauen und Kurland abtreten, Estland und Livland räumen, ferner die staatliche Selbständigkeit der Ukraine anerkennen. Es verlor nicht nur seine Kornkammer, sondern auch einen großen Teil seiner Kohle- und Erzlager. Gegenüber diesem Gewaltfrieden nahm sich der spätere Friedensvertrag von Versailles geradezu milde aus. *s. S. 117*

Große Depression – Bezeichnung für die Periode wirtschaftlicher Stagnation und eines verlangsamten Wachstums, die auf den »Gründerkrach« von 1873 folgte. *s. S. 72*

Hottentottenwahlen – Reichstagswahlen vom 13. Januar 1907, die im Zeichen eines von der deutschen Reichsleitung angeheizten wilden Chauvinismus standen. Anlass für die Neuwahl war die Weigerung von Zentrum und Sozialdemokratie im Dezember 1906, den Nachtragshaushalt für den Kolonialetat zu bewilligen. Als »Hottentotten« wurde das Volk der Nama in Südwestafrika bezeichnet, das sich mit den Herrero am Aufstand von 1904 beteiligte. *s. S. 38, 75*

Ideen von 1914 – Das im Herbst 1914 vom Soziologen Johannes Plenge geprägte Schlagwort wurde in der deutschen Kriegspropaganda als positive Alternative zu den »Ideen von 1789« gebraucht. *s. S. 52*

Interfraktioneller Ausschuss – Bezeichnung für das parlamentarische Gremium, das führende Abgeordnete der MSPD, des Zentrums und der liberalen Fortschrittspartei am 6. Juli 1917 einsetzten, um eine engere Zusammenarbeit in die Wege zu leiten. *s. S. 61, 74, 105, 116*

Januarstreiks – Größte Massenaktion während des Krieges. Vom 28. Januar bis 3. Februar 1918 streikten in Berlin und anderen Großstädten Hunderttausende von Arbeitern für eine Beendigung des Völkermordens. *s. S. 60, 117*

»Judenzählung« – Auf den bloßen Verdacht hin, dass sich Juden verstärkt vor dem Kriegsdienst »drückten«, ordnete das preußische Kriegsministerium im Oktober 1916 eine statistische Erfassung ihrer Dienstverhältnisse an. Diese Maßnahme löste unter den deutschen Juden große Erbitterung aus. *s. S. 64, 92*

Julikrise 1914 – Die kritischen Wochen zwischen dem Attentat von Sarajewo am 28. Juni 1914 und dem Beginn des Krieges Anfang August 1914. *s. S. 47, 60, 104 ff., 112*

Kissinger Diktat – Im Juli 1877 diktierte Bismarck seinem Sohn Herbert während eines Kuraufenthalts in Bad Kissingen die Grundzüge seines außenpolitischen Programms. *s. S. 19*

»Krieg-in-Sicht«-Krise – Ausgelöst wurde die Krise durch einen in der Berliner »Post« erschienenen Leitartikel vom 8. April 1875 mit der Überschrift: »Ist der Krieg in Sicht?«, der vom Reichskanzler inspiriert war. Bismarcks Versuch, Frankreich durch eine Drohpolitik einzuschüchtern, schlug fehl. *s. S. 18, 114*

»Kriegsrat« – Besprechung Wilhelms II. mit den Spitzen von Armee und Marine am 8. Dezember 1912, auf der Generalstabschef Helmuth von Moltke auf einen Präventivkrieg drängte. *s. S. 43*

Krüger-Depesche – Das Glückwunsch-Telegramm Wilhelms II. an den Präsidenten von Transvaal (»Ohm«) Krüger zur Abwehr des Jameson-Raid sorgt Anfang Januar 1896 für heftige Irritationen in Großbritannien. *s. S. 115*

Kulturkampf – Konflikt Bismarcks mit der katholischen Kirche seit der Reichsgründung von 1871. *s. S. 22, 24, 74, 114*

Marokkokrisen – In den Jahren 1905 und 1911 meldete die deutsche Reichsleitung in auftrumpfender Manier Ansprüche in Marokko an, holte sich beide Male aber eine deftige diplomatische Abfuhr. *s. S. 35, 41, 115*

Neurasthenie – Modekrankheit im Kaiserreich, die ein Symptom war für die allenthalben grassierende Nervosität. *s. S. 95f.*

Oberste Heeresleitung (OHL) – Bezeichnung für den höchsten militärischen Führungsstab des Kaiserreichs im Ersten Weltkrieg. Auf Helmuth von Moltke folgte im September 1914, nach der Kriegswende an der Marne, Erich von Falkenhayn, der Ende August 1916 von Hindenburg und Ludendorff, der dritten OHL, abgelöst wurde. *s. S. 54, 64, 106, 116*

Osterbotschaft – Versprechen Wilhelms II. vom 7. April 1917, nach einer siegreichen Beendigung des Krieges das Dreiklassenwahlrecht in Preußen abzuschaffen. *s. S. 60, 107*

Parlamentarisierung – Bestrebungen zur Ausgestaltung der Reichsverfassung im parlamentarischen Sinne; sie führen erst mit der Oktoberreform von 1918, im Angesicht der militärischen Niederlage, zum Erfolg. *s. S. 45, 61, 64, 69, 74, 105, 107*

Persönliches Regiment – Bezeichnung für die spezifische Regierungsweise Wilhelms II. Unter Historikern ist bis heute umstritten, inwieweit das »persönliche Regiment« nur einen Anspruch formulierte oder ob es tatsächlich in die Praxis umgesetzt wurde. *s. S. 30, 39, 64, 67*

Politik der Diagonale – Innenpolitische Strategie des Reichskanzlers Bethmann Hollweg. *s. S. 44*

Reichsfinanzreform – Der 1909 unternommene Versuch, das infolge der gewaltigen Ausgaben für die Schlachtflotte angewachsene Haushaltsloch durch Erhöhung von Steuern zu schließen, schlug weitgehend fehl. *s. S. 40*

Rückversicherungsvertrag – Am 18. Juni 1887 auf drei Jahre abgeschlossener Geheimvertrag zwischen dem Deutschen Reich und Russland, nach Bismarcks Entlassung nicht erneuert. *s. S. 21, 31, 114*

Sammlungspolitik – Bezeichnung für die von Bismarck 1878/79 inaugurierte informelle schwerindustriell-großagrarische Allianz, die im Zeichen der Einführung von Schutzzöllen stand. Unter der Reichskanzlerschaft Bülows wieder aufgelegt. *s. S. 24, 37f.*

Schlieffen-Plan – Operationsplan des deutschen Generalstabschefs Schlieffen von 1905 für den Zweifrontenkrieg gegen Russland und Frankreich. Er sah die rasche Vernichtung der französischen Armeen durch eine große Umfassungsbewegung vor. Danach sollte Russland mit Hilfe des österreichich-ungarischen Bundesgenossen niedergeworfen werden. Der Plan scheiterte bereits in der Marne-Schlacht von Anfang September 1914. *s. S. 52, 55*

Septemberprogramm – Kriegszieldenkschrift des Reichskanzlers Bethmann Hollweg (Konzept von der Hand seines Gehilfen Kurt Riezler) vom 9. September 1914. Sie sah weitreichende Annexionen im Westen und Osten und die Schaffung einer mitteleuropäischen Wirtschaftsunion unter deutscher Führung vor. *s. S. 52, 55*

Sozialistengesetz – Mit dem im Oktober 1878 vom Reichstag verabschiedeten »Gesetz gegen die gemeingefährlichen Bestrebungen der Sozialdemokratie« verfolgte Bismarck einen harten Repressionskurs gegen die sich formierende sozialistische Arbeiterbewegung. *s. S. 23, 25f., 75, 77, 114*

Steckrübenwinter – Der Mangel in der Lebensmittelversorgung spitzte sich im Winter 1916/17 dramatisch zu. Die Steckrübe wurde zum Hauptnahrungsmittel und gab diesem Winter den Namen. In vielen Städten kam es zu Hungerunruhen. *s. S. 105*

Tannenberg – In den westlichen Masuren besiegte die 8. deutsche Armee unter Führung Hindenburgs und Ludendorffs vom 26. bis 30. August 1914 die russische Narevarmee. Die Schlacht wurde zum Symbol für den deutschen Siegeswillen und begründete den Kult um die Person Hindenburgs. *s. S. 53*

Tirpitz-Plan – Mit dem vom Staatssekretär des Reichsmarineamts Alfred von Tirpitz seit 1897 forcierten Bau einer deutschen Schlachtflotte sollte England der Rang als Weltmacht streitig gemacht werden. *s. S. 34*

U-Bootkrieg – Mit dem U-Boot glaubte die deutsche Heeresleitung ein Mittel zu besitzen, dem, wenn es gleichermaßen gegen Kriegs- und Handelsschiffe eingesetzt würde, kriegsentscheidende Bedeutung zukäme. Doch der am 1. Februar 1917 verkündete uneingeschränkte U-Bootkrieg brachte nicht den Sieg, sondern führte im Gegenteil zum Kriegseintritt der Vereinigten Staaten auf seiten der Ententemächte. *s. S. 54, 104f., 116*

Umsturzvorlage – Eine Gesetzesinitiative mit dem Ziel, das politische Strafrecht gegen die Sozialdemokratie zu verschärfen, scheiterte im

Dezember 1894 im Reichstag. Das gleiche Schicksal erlitt die Zuchthausvorlage von 1899. *s. S. 37, 115*

Weltpolitik – In der zweiten Hälfte der 1890er Jahre verschrieb sich das wilhelminische Deutschland der überseeischen Expansion und leitete damit einen fundamentalen Wandel in der deutschen Außenpolitik ein. *s. S. 32 ff., 37, 115*

Wilhelminismus – Bezeichnung für die vorherrschende Mentalität in Deutschland um 1900, die durch eine widersprüchliche Mischung aus Kraftgefühl und Zukunftsangst gekennzeichnet war. *s. S. 84*

Zabern-Affäre – Letzte innenpolitische Krise am Vorabend des Ersten Weltkriegs 1913. *s. S. 45*

Zweibund – Am 7. Oktober 1879 in Wien unterzeichnete Defensivallianz zwischen Deutschland und Österreich-Ungarn, durch den Beitritt Italiens am 20. Mai 1882 zum Dreibund erweitert. *s. S. 19, 36, 49, 114*

EINFÜHRUNGEN/HANDBÜCHER

Berghahn, Volker: Das Kaiserreich 1871–1914. Industriegesellschaft, bürgerliche Kultur und autoritärer Staat. Stuttgart 2003.

Berghahn, Volker: Der Erste Weltkrieg. München 2003.

Chickering, Roger: Das Deutsche Reich und der Erste Weltkrieg. München 2002.

Halder, Winfrid: Innenpolitik im Kaiserreich 1871–1914. Darmstadt 2003.

Hirschfeld, Gerhard/Gerd Krumeich/Irina Renz (Hrsg.): Enzyklopädie Erster Weltkrieg. Paderborn 2003.

Mommsen, Wolfgang J.: Die Urkatastrophe Deutschlands. Der Erste Weltkrieg 1914–1918. Stuttgart 2002.

Neitzel, Sönke: Kriegsausbruch. Deutschlands Weg in die Katastrophe 1900 – 1914. Zürich 2002.

Neitzel, Sönke: Blut und Eisen. Deutschland im Ersten Weltkrieg. Zürich 2003.

Ullmann, Hans-Peter: Politik im deutschen Kaiserreich 1871–1918. München 1999.

QUELLEN- UND DOKUMENTENSAMMLUNGEN

Berghahn, Volker/Wilhelm Deist: Rüstung im Zeichen wilhelminischer Weltpolitik. Grundlegende Dokumente 1890–1914. Düsseldorf 1988.

Evans, Richard J. (Hrsg.): Kneipengespräche im Kaiserreich. Stimmungsberichte der Hamburger Politischen Polizei 1892–1914. Reinbek bei Hamburg 1989.

Flemming, Jens/Klaus Saul/Peter-Christian Witt (Hrsg.): Quellen zur Alltagsgeschichte der Deutschen 1871–1914. Darmstadt 1997.

Hampe, Karl: Kriegstagebuch 1914–1919. Hrsg. und eingel. von Folker Reichert und Eike Wolgast. München 2004.

Hopman, Albert: Das ereignisreiche Leben eines ›Wilhelminers‹. Tagebücher, Briefe, Aufzeichnungen 1901 bis 1920. Hrsg. von Michael Epkenhans. München 2004.

Kaiser Wilhelm II. als Oberster Kriegsherr im Ersten Weltkrieg. Quellen aus der militärischen Umgebung des Kaisers 1914–1918. Bearb. und eingel. von Holger Afflerbach. München 2005.

Kerr, Alfred: Wo liegt Berlin? Briefe aus der Reichshauptstadt 1895–1900. Hrsg von Günther Rühle. Berlin 1997.

Ulrich, Bernd/Benjamin Ziemann: Frontalltag im Ersten Weltkrieg. Wahn und Wirklichkeit. Quellen und Dokumente. Frankfurt am Main 1994.

Ulrich, Bernd/Jakob Vogel/Benjamin Ziemann (Hrsg.): Untertan in Uniform. Militär und Militarismus im Kaiserreich 1871 – 1914. Frankfurt am Main 2001.

ÜBERBLICKDARSTELLUNGEN

Hildebrand, Klaus: Das vergangene Reich. Deutsche Außenpolitik von Bismarck bis Hitler 1871–1945. Stuttgart 1995.

Mommsen, Wolfgang J.: Das Ringen um den nationalen Staat. Die Gründung und der innere Ausbau des Deutschen Reiches unter Otto von Bismarck 1850–1890. Berlin 1993.

Mommsen, Wolfgang J.: Bürgerstolz und Weltmachtstreben. Deutschland unter Wilhelm II. 1890–1918. Berlin 1995.

Nipperdey, Thomas: Deutsche Geschichte 1866–1918. Bd.I: Arbeitswelt und Bürgergeist: Bd.II: Machtstaat vor der Demokratie. München 1990/1992.

Stevenson, David: 1914 – 1918. Der Erste Weltkrieg. Düsseldorf 2006.

Wehler, Hans-Ulrich: Deutsche Gesellschaftsgeschichte. Bd.3: Von der deutschen »Doppelrevolution« bis zum Beginn des Ersten Weltkrieges 1849–1914; Bd.4: Vom Beginn des Ersten Weltkriegs bis zur Gründung der beiden deutschen Staaten 1914–1949. München 1995/2003.

Winkler, Heinrich August: Der lange Weg nach Westen. Deutsche Geschichte. Bd.1: Vom alten Reich bis zum Ende der Weimarer Republik. München 2002.

Ullrich, Volker: Die nervöse Großmacht. Aufstieg und Untergang des Deutschen Kaiserreichs 1871–1918. Frankfurt am Main 1997.

EINZELPROBLEME

Afflerbach, Holger: Der Dreibund. Europäische Großmacht- und Allianzpolitik vor dem Ersten Weltkrieg. Wien – Köln – Weimar 2002.

Bajohr, Frank: »Unser Hotel ist judenfrei«. Bäder-Antisemitismus im 19. und 20. Jahrhundert. Frankfurt am Main 2003.

Canis, Konrad: Bismarcks Außenpolitik 1870–1890. Aufstieg und Gefährdung. Paderborn 2004.

Conrad, Sebastian: Globalisierung und Nation im Deutschen Kaiserreich. München 2006.

Dowe, Christopher: Auch Bildungsburger. Katholische Studierende und Akademiker im Kaiserreich. Göttingen 2006.

Gall, Lothar (Hrsg.): Regierung, Parlament und Öffentlichkeit im Zeitalter Bismarcks. Politikstile im Wandel. Paderborn 2003.

Hering, Rainer: Konstruierte Nation. Der Alldeutsche Verband 1890 bis 1939. Hamburg 2003.

Hinz, Uta: Gefangen im Großen Krieg. Kriegsgefangenschaft in Deutschland 1914 – 1921. Essen 2006.

Horne, John/Alan Kramer: Deutsche Kriegsgreuel 1914. Die umstrittene Wahrheit. Hamburg 2004.

Jensen, Uffa: Gebildete Doppelgänger. Bürgerliche Juden und Protestanten im 19. Jahrhundert. Göttingen 2005.

Kießling, Friedrich: Gegen den »großen Krieg«? Entspannung in den Internationalen Beziehungen 1911–1914. München 2002.

Killen, Andreas: Berlin Electropolis. Shock, Nerves and German Modernity.Berkeley – Los Angeles – London 2006.

Kohlrausch, Martin: Der Monarch im Skandal. Die Logik der Massenmedien und die Transformation der wilhelminischen Monarchie. Berlin 2005.

Liulevicius, Vejas Gabriel: Kriegsland im Osten. Eroberung, Kolonisierung und Militärherrschaft im Ersten Weltkrieg. Hamburg 2002.

Mommsen, Wolfgang J.: War der Kaiser an allem schuld? Wilhelm II. und die preußisch-deutschen Machteliten. München 2002.

Radkau, Joachim: Das Zeitalter der Nervosität. Deutschland zwischen Bismarck und Hitler. München 1998.

Röhl, John C.G.: Wilhelm II. Die Jugend des Kaisers 1859 – 1888. München 1993.

Röhl, John C.G.: Wilhelm II. Der Aufbau der Persönlichen Monarchie 1888–1900. München 2001.

Rother, Rainer (Hrsg.): Der Weltkrieg 1914–1918. Ereignis und Erinnerung. Berlin 2004.

Torp, Cornelius: Die Herausforderung der Globalisierung. Wirtschaft und Politik in Deutschland 1860–1914. Göttingen 2005.

Walser Smith, Helmut: Die Geschichte des Schlachters. Mord und Antisemitismus in einer deutschen Kleinstadt. Göttingen 2002.

Verhey, Jeffrey: Der »Geist von 1914« und die Erfindung der Volksgemeinschaft. Hamburg 2000.

Weichlein, Siegfried: Nation und Region. Integrationsprozesse im Bismarckreich. Düsseldorf 2004.

Wette, Wolfram (Hrsg.): Schule der Gewalt. Militarismus in Deutschland 1871–1945. Berlin 2005.

Abbildungsnachweise: S. 5, 13, 79, 81, 95, 101, 103: © Bildarchiv Preußischer Kulturbesitz; S. 17: © picture-alliance/dpa; S. 29: © picture-alliance/akg-images; S. 106: © Bundesarchiv, Koblenz; Karte: Peter Palm, Berlin.